책 읽는 아이,
토론하는 우리집

생각의 힘을 키우는 초등 독서 토론
책 읽는 아이, 토론하는 우리집

1판 1쇄발행 | 2013년 4월 22일
1판 4쇄발행 | 2017년 3월 3일

지은이 | 김성현
펴낸곳 | 미래지식
펴낸이 | 박수길

주 소 | 경기도 고양시 덕양구 통일로 140 삼송테크노밸리 A동 3층 333호
전 화 | 02)389-0152
팩 스 | 02)389-0156
홈페이지 | www.miraejisig.co.kr
이메일 | miraejisig@naver.com
등록번호 | 제313-2004-00067호

* 이 책의 판권은 미래지식에 있습니다.
* 값은 표지 뒷면에 표기되어 있습니다.
* 잘못된 책은 구입하신 서점에서 바꾸어 드립니다.

ISBN 978-89-6584-030-5

국립중앙도서관 출판사도서목록(CIP)

<table>
<tr><td>책 읽는 아이, 토론하는 우리집 : 생각의 힘을 키우는 초등 독서 토론
 / 지은이: 김성현. — 서울 : 미래지식, 2013
p.242. ; cm

ISBN 978-89-6584-030-5 13020 : ₩13000
독서[讀書] 토론[討論]

029.8-KDC5
028.5-DDC21　　　　　　　　　　　　　　　　　CIP2013002068</td></tr>
</table>

미래지식은 좋은 원고와 책에 관한 빛나는 아이디어를 기다립니다.
이메일(miraejisig@naver.com)로 간단한 개요와 연락처 등을 보내주시면
정성으로 고견을 참고하겠습니다. 많은 응모바랍니다.

책 읽는 아이,
토론하는 우리집

김성현 지음

미래지식

아이와 함께 하는 즐겁고 유익한 책 이야기

대학수학능력시험을 마치고 대학입시 설명회가 열렸다. 필자는 초등학교 교사이지만 설명회에 참석했다. 요즘 입시경향에 대한 호기심과 현재 초등학생들이 장기적인 안목에서 준비해야 할 것들에는 무엇이 있을지 등이 궁금해서였다. 설명회에서 거침없는 언변으로 강사는 대중을 압도했다.

"수능성적을 하루아침에 올리기란 쉽지 않습니다. 수능점수, 특히 국어와 영어의 경우 초등학교, 중학교 때 얼마나 책을 가까이 했느냐가 고득점의 관건입니다. 혹시 고1, 고2 학부모님이 계시면 지금이라도 책을 많이 읽도록 옆에서 다독여 주세요. 독서는 정말 중요합니다."

강사가 독서의 중요성에 대해 목소리 높여 강조하자, 한 학부모의 탄식이 쏟아졌다.

"아~휴, 어렸을 때 책 좀 읽힐 걸. 그렇게 TV, 컴퓨터를 끌어안고 사는 걸 옆에서 바라보고만 있었으니 지금 이 모양이지. 후회가 막심하네."

이렇게 후회하는 부모가 시간을 되돌려, 아이의 초등학교 시절로 돌아간다면 어떻게 지도할까? 부모부터 나서서 책을 읽고, 한 달에 한 번은 서점을 찾으며, 아이가 관심 있어 하는 책은 생활비를 아껴서라도 사 주지 않을까?

학교에서 학부모와 상담을 하다보면 '아이의 독서습관'에 대해 부모의 후회와 투정 섞인 말을 많이 듣게 된다.

"선생님, 우리 애가 책을 안 읽으려 해요. 어렸을 때부터 게임을 하거나 TV를 보는 게 일상이에요. 지금 와서 독서지도를 하려고 하니 막막하고, 아이도 잘 따라주지 않네요."

"책을 좋아하게 할 수 있는 방법이 없을까요? 부모 눈만 피해서 자꾸 딴 짓을 하려고 해요. 스마트폰으로 채팅하고, 게임만 해요. 책이라고는 읽는 게 만화책과 교과서뿐이에요."

교사와 학부모 그리고 학생 모두가 독서의 중요성에 대해서는 너무나 잘 알고 있다. 그런데 책을 읽어야 하는 필요성에 대해 설명을 해주는 것도 그리 효과가 오래가지 않는다. 또한 부모가 강제로 읽게 강요하는 것도 효과적이지 않다.

'그렇다면 독서에 대한 괜찮은 지도방법이 없을까?' 이것이 필자의 오랜 고민이었다.

관련도서와 신문 그리고 잡지 등 여러 자료들을 살피고 내린 결론은 '책 이야기를 아이와 함께 하는 것'이었다. 아이들과 책에 대해 함께 토의·토론하고 경험을 나누며 책의 주인공이 되어 상상해보고, 책이 전달하고자 하는 도덕적 가치에 대해 정의도 내려본다. 또는 책에서 찾은 명구절도 서로 나누어 보는 '책 이야기 함께 하기' 시간을 가지면 좋겠다는 것이다.

아이들과 1년 동안 독서토론을 하기로 결심하고 적당한 교재를 찾아 보았다. 그런데 필자가 의도한 책을 찾기는 쉽지 않았다. 너무 책 내용의 사실적 이해를 확인하는 퀴즈에 초점을 맞춘 책이 많았다. 또는 '만약 주인공이었다면…' 하는 상상하기 질문이 다수였다. 노벨문학상 수상자인 토니 모리슨은 "정말 읽고 싶으나 아직 그런 책이 쓰인 적이 없다면 그런 책을 써야 한다"라고 말했다. 이 문장을 읽고 직접 우리 반 독서토론 시간을 위해 교재를 쓰기로 결심했다.

토론에 앞서 아이들이 작성하는 워크시트에 대한 작업을 위해 책을 최소한 2번 읽었다. 가장 찾기 힘든 것은 토론주제를 추출해 내는 것이었다. 동화책에서 토론주제를 찾는 것은 마치 보물찾기와 같았다.

책 읽을 시간이 충분하지 않아 출·퇴근 길 지하철 4호선 열차 안에서 동화책을 읽었다. 지하철에서 토론주제, 토의주제를 발견하면 혼자서 웃고 밑줄 긋고 옮겨 쓰는 작업을 했다. 그렇게 작업한지 1년쯤 되었을 때, 우리 반의 독서토론 문화는 자리를 잡았고, 나의 워크시트 작업도 마무리가 되었다. 내 블로그의 한 때 주제는 '내 작업실은 지하철 4호선'이었다. 힘든 작업이었지만 독서토론을 진행하면서 아이들이 책에 관심을 보이기 시작했고, 좋은 책을 오래도록 기억할 수 있게 되었다. 또한 친구들끼리 조금씩 책 이야기를 하는 모습을 보면서 벅찬 감동을 느꼈다.

　"선생님, 참 감사해요. 책이라고는 교과서 밖에 모르던 아이가 혼자 책을 꺼내 보는 모습을 보았어요. 토론이 재미있나봐요. 워크시트를 쓰면서 엄마, 아빠의 의견도 물어 보내요."

　"선생님, 이 워크시트 전부 구할 수 없을까요? 저희 집에서 아이들과 해보려고 해요."

　교사의 작은 노력에 격려해주는 학부모들, 토론을 또 하자고 졸라대는 아이들의 모습 가운데서 다행히 독서지도의 방법을 제대로 찾은 것 같아 행복했다.

　《책 읽는 아이, 토론하는 우리집》을 통해 부디 부모가 가정에서 아이들과 함께 책 이야기를 할 수 있었으면 좋겠다. 책 이야기를 통해 부모와 자녀사이의 대화의 꽃이 활짝 피고, 책과 좀더 친해졌으면 하는 바람이다. 하루아침에 커다란 변화가 일어날 것이라는 기대는 하지 말자. 그러나 분명 책 이야기를 통해 아이는 조금씩 성장하고 발전적으로 변화됨을 확신한다.

　함께 책 읽고, 즐겁게 책 이야기에 참여한 한신 초등학교 제자들에게 깊은 감사를 표한다. 그리고 늘 능력주시고 은혜 내려주시는 하나님께 감사한다. 늘 기도로 응원하시는 울산과 뉴욕에 계신 부모님들과 책 출간의 기쁨을 함께 나누고 싶다. 또한 옆에서 마음 편히 집필에 매진할 수 있도록 도와준 사랑하는 아내 김은혜 선생님, 참 예쁘고 귀여운 두 딸 예원이, 예린이에게도 고마움을 전하고 싶다. 끝으로 이 책이 출간될 수 있도록 함께 노력해 준 미래지식 출판사에도 깊은 감사를 전한다.

김성현

차례

제5장 독서토론을 실제로 해보자

가정에서 책에 대해 자유롭게 이야기하자

이번 장에서는 초등학생에게 왜 독서토론이 유익한 학습방법인지에 대해 살펴보고, 우리 아이에게 꼭 맞는 책 선정 방법을 알아본다. 또한 효과적인 가족 독서토론을 하는 방법에 대해 설명한다.

책 읽는 아이
토론하는
우리집

독서교육의 첫걸음, 자유롭게 책에 대해 토론하기

버락 오바마가 미국 44대 대통령으로 당선될 수 있었던 핵심적인 요인들 중 하나는 바로 대중을 사로잡는 '연설'이었다. 오바마는 실제로 콜롬비아 대학 재학 시절 토론클럽에서 적극적으로 활동했다고 한다. 또한 부모와 함께 가정에서도 책에 대해 편안하고 자유롭게 토론하는 시간을 가졌다고 한다.

미국 학교의 수업방법 중 많은 부분을 차지하는 것이 바로 '토론수업'이다. 세계적인 명문학교인 필립스 엑시터 아카데미Phillips Exeter Academy는 오바마 행정부의 참모진의 출신교이며, 다빈치 코드의 작가인 댄 브라운의 출신학교이기도 하다. 토론식 수업을 위한 타원형 테이블인 일명 '하크니스 테이블Harkness Table'의 원조 학교로 불린다. 미국의 석유재벌가인 에드워드 하크니스Edward Harkness가 창의적인 인재양성을 위한 학교수업의 혁신을 주장하며 거액을 기부하면서 붙여진 이름이다. 이 학교는 수학과 과학 대부분의 교과 수업을 토론 방식으로 진행한다. 토론식 수업은 학생 스스로 탐구하고 지식을 습득하는 데 최상의 방법이다.

학교뿐만이 아니다. 어떠한 주제, 특정 책을 놓고 편안한 분위기에서 서로의 생각을 공유하고 존중하는 태도는 가정에서 할 수 있는 핵심적인 독서교육 방법이다.

미국의 부모들은 토론의 첫 단계에서 정확한 발음과 목소리의 고저, 시선처리 등을 가르친다. 그러나 효과적으로 잘 전달하기 이전에 먼저 아이들에게 교육하는 것은 '경청'이다. 다른 사람의 의견을 집중해서 듣고 자신의 의견과 비교하고 분석하는 능력이 가장 중요하다. 이후, 부모들은 학생들이 토론주제와 관련한 자료를 조사하고 종합적으로 분석하고 입장을 정리하는 과정을 가르친다.

프린스턴 대학과 예일 대학 로스쿨을 졸업하고 미국 연합대법원 판사의 보좌 변호사로 근무하고 있는 마이클 박Michael Park은 "자신의 성공비결은 토론"이라고 말한다. 그리고 그의 아버지 미국 교육부 교육과학연구소 책임연구원인 박옥춘 박사는 "최고의 인재를 키우는데 있어 가장 효과적인 방법은 토론"이라고 말한다.*

* KBS수요기획, 〈토론의 달인, 세상을 이끌다〉 2008.12.17

"다른 사람의 의견을 들을 수 있는 능력, 그것을 자기의견과 조합해서 더 좋은 의견을 발전시킬 수 있는 능력, 이런 것들을 키워주는 토론이야말로 사고력뿐만 아니라 종합적인 교육의 가장 바탕이 되는 것이다"라고 말한다.

우리나라 교육 방향의 초점은 창의적이고 통합적 사고를 할 수 있는 융합형 인재를 양성하는 것에 맞춰져 있다. 융합형 인재양성이란 특정 과목이나 학문의 영역에 대해 국한된 사고를 하는 것이 아니라 과학, 수학, 예술, 공학 등 넓은 영역에 걸친 통합적 사고를 통해 새로운 생각과 아이디어를 만들어 내는 창의적인 사고를 하는 사람으로 길러내는 것이다. 이를 위해 교육과학기술부에서는 스팀STEAM형 교육을 적극 추진하고 있다. 스팀이란 과학Science, 기술Technology, 공학 Engineering, 예술Arts, 수학Mathematics을 말한다.

그렇다면 융합적 사고가 가능한 인재를 길러내는데 있어 가장 효과적인 방법은 무엇일까? 정답은 바로 '독서토론'이다. 독서토론이야말로 폭넓은 독서를 통해 다양한 문제해결과 접근방식을 이해하게 되고, 다른 사람의 아이디어 또한 공유할 수 있는 최상의 교육 방법이다. 이처럼 독서토론은 융합적 사고가 가능한 인재에서 한 단계 더 나아가 컴퓨터와 기계가 할 수 없는 '감성적 접근'을 가능하게 한다.

현재 인간이 하는 대부분의 작업들은 컴퓨터를 이용해서 이루어진다. 따라서 융합적 사고와 더불어 사람의 마음을 움직일 수 있는 감성적 접근이 가능한 문제해결 방식을 익혀야 한다. 바로 독서토론이야말

로 '융합적 사고가 가능한 감성적 미래형 리더'를 키우는데 좋은 교육
방식이다.

　독서의 중요성을 잘 알고 있는 많은 부모들은 아이들에게 독서에 대
한 동기부여를 높여주기 위해 노력한다. 학생의 생각과 행동의 변화를
이끌고 사고력을 배양할 수 있게 하기 위해서라면, 책에 대한 흥미를
가지고 가능한 한 많은 책을 접하는 것도 중요하다. 그리고 다양한 분
야의 책을 즐겨 읽는다면 자연스럽게 배경지식을 쌓는데도 큰 영향을
줄 수 있다.

　그러나 단순히 독서를 하는데 그치면, 즉 깊은 감동을 느낀 책이 아
니라면 일주일, 아니 한 달이 채 지나지 않아 책에 대한 줄거리조차 기
억하지 못하는 경우가 대부분이다. 이럴 경우, '책을 읽었다'라는 정의
는 '책의 줄거리를 안다'는데 그칠 수 있다. 결국 책의 내용을 올바로
이해하는 독서는 50퍼센트 정도 밖에 되지 않을 것이다.

　'책을 읽는다'는 것은 단순히 저자의 생각을 따라가는 것이 아니다.
책 내용을 바탕으로 자신의 경험과 생각을 더해 자신의 입장을 정리해
보는 것으로 나머지 50퍼센트를 채워야 한다. 독서는 지식을 얻고 생
각을 할 수 있는 동기부여를 하는 시간이다. 이러한 독서를 통해 책 내
용을 바탕으로 자신의 주장을 정립하고 다른 사람들과 의견을 나눠보
는 '생각의 공유시간', 즉 독서토론의 기회를 가져야 한다.

　우리가 음식을 먹을 때, 급한 나머지 허겁지겁 음식을 제대로 씹지
않고 넘긴다면 급체의 위험도 있고 음식의 맛 또한 느끼지 못한다. 즉

한 끼를 때운다는 의미의 식사를 한 것이다. 독서의 경우도 마찬가지이다. 누군가에 의해 강요된 독서를 하는 것은 올바른 의미에서의 독서가 아니라고 해도 무방할 것이다. 또한 책을 건성으로 들여다보고, 사건전개 과정에만 초점을 두고 읽는다면 독서효과를 극대화하기 힘들다.

독서토론을 한다는 것은 몸에 좋은 음식을 씹어 삼키는 것과 같다. 몸에 좋은 홍삼, 산삼, 인삼 등을 먹는다면 입에서 20분 이상 씹고 또 씹을 것이다. 삼이 분해되고, 우리 몸에 온전히 흡수되기를 기대하기 때문이다. 독서토론은 산삼을 씹는 과정과 같다. 책 한 권을 두고 이쪽에서 바라보고, 저쪽에서 바라보며 책의 내용을 다양한 각도로 해석하는 것이다. 또한 내가 미처 느끼고 생각하지 못했던 부분을 다른 사람이 이야기함으로써 알아가게 되고 생각의 폭이 깊고 넓어지는 계기가 된다.

우리 집, 독서문화 정착하기

노벨상 수상자의 23퍼센트, 전 세계 억만장자의 30퍼센트, 미국 아이비리그의 25퍼센트, 하버드 법대 교수의 30퍼센트, 그리고 아인슈타인, 프로이드, 록펠러, 루즈벨트, 샤갈의 공통점은 무엇일까? 바로 유대인이라는 것이다. 유대인의 인구는 약 1600만 명으로 우리나라 남한 인구의 삼분의 일, 전 세계 인구의 0.2퍼센트에 지나지 않지만 전 세계에서 엄청난 영향력을 행사하고 있다. 그렇다면 유대인들이 세계적인 리더로 성장할 수 있었던 배경은 무엇일까? 바로 유대인의 자녀교육의 핵심인 인성 교육과 독서토론 교육에 있다.

유대인들이 자녀교육에 있어 필독서로 꼽는 것이 성경과 탈무드이다. 특히 탈무드에는 독서에 관한 여러 가지 조언들이 나온다.

"책과 영혼이 더러워졌을 때는 책부터 닦아라."
"책은 만인의 공유물이며, 만인은 배움의 의무를 지닌다."
"책이 없는 집은 영혼이 없는 몸과 같다."

또한 유대인의 랍비스승는 아들에게 "아들아, 책을 친구로 삼아라"라고 유언을 남길 만큼 독서에 대한 중요성을 강조한다. 그런데 유대인들은 단순히 많은 책을 읽는 것에 그치지 않는다. 유대인의 학교에는 도서관과 공부방의 중간쯤 되는 '예시바Yeshiva' 라는 공간이 있다. '앉다' 라는 의미의 예시바에서 학생들은 자신이 읽은 책 내용에 대해 친구들과 질문하고 토론한다. 즉 예시바는 '독서토론 도서관' 인 셈이다. 단순히 혼자 책을 읽고 내용을 정리하는 것이 아니라, 자신이 이해한 내용을 친구들과 이야기하고 이해가 되지 않는 부분이나 다른 사람의 의견을 물어보고, 쟁점이 있을만한 문제에 대해서는 자유토론을 하는 것에 초점을 둔다.

강찬경 씨의 가톨릭대학교 석사논문 〈토론 중심 독서 후 활동이 자기 주도적 학습능력과 논리적 사고력에 미치는 영향〉을 살펴보면 독서토론의 효과를 확인할 수 있다. 독서토론 시행 전과 후에 거글릴미노 Gulielmino (1977)의 자기주도적 학습준비도 척도SDLRS: Self-Directed Learning Reading Scale를 기초로 한국교육개발원에서 제작한(1986) 논리적 사고력 검사를 실시했다. 이 논문에 의하면, 경기도의 한 초등학교 5학년 두 개 학급 육십육 명을 대상으로 7주간 10회 걸친 독서토론을 실시했는데, 토론 중심 독후활동을 한 반이 그렇지 않은 반 보다 자료 제시 능력이 1.2점, 연역적 논증능력이 0.7점, 자기주도 학습능력 7.2점 높은 것으로 나타났다.

이처럼 자신이 이 일을 왜 해야 하는 지에 대한 분명한 목표가 있다면 어떻게든 그 일을 처리하려고 노력한다. 그러나 목표가 모호하다면 어떤 일을 이끌어 가는 힘이 부족해지고, 결국 포기하거나 흐지부지한 상태로 일을 놔두게 된다.

독서도 마찬가지이다. 책을 좋아하는 학생이라면 책이 주는 재미에 빠져 즐겁게 책을 읽어 나갈 것이다. 그러나 독서 자체에 흥미가 없는 학생, 또는 책은 좋아하지만 자신이 흥미 없어 하는 분야의 독서를 할 경우 책읽기만큼 힘든 일도 없다. 그러나 독서 후 독서토론이 예정되어 있으면, 자연스럽게 독서에 집중하여 책을 읽어내려 가려고 노력할 것이다.

그러면 지금부터 독서토론이 가진 여러 가지 매력 중 대표적인 다섯 가지를 소개하겠다.

첫째, 독서토론은 책읽기의 분명한 목적을 제시한다. 즉 '이 책을 왜 읽어야 하는지'에 대한 이유가 분명하다. 물론 학생의 수준과 능력을 고려한 책 선정이 중요하겠지만, 좋은 책에 손이 가도록 하고 책장을 마지막까지 넘기게 하는 동기부여를 해주는 것에 독서토론만큼 좋은 것이 없다. 학교에서 또는 가정에서 독서토론을 할 책을 선정하고 함께 읽어나가는 과정은 해당 책읽기를 포기하기, 대충읽기 등의 문제를 예방할 수 있다.

둘째, 독서토론은 저자가 주장하는 내용에 대해 막연히 생각의 흐름이 이어지는 것을 막을 수 있다. 아무 생각 없이 책을 읽다보면, 저자의 생각을 무작정 따라가는 모습을 발견하게 된다. 그러나 독서토론을 위해 책을 읽는다면 책 내용을 바탕으로 한 자신의 생각을 정리하게 된다. 즉 책의 내용을 이해하는데 그치는 것이 아니라, 한걸음 더 나아가 저자의 생각이 타당한지, 등장인물의 행동이 옳은지, 만약 나라면 어떻게 했을지, 올바른 주장을 하고 있는지 등에 대한 비판적 사고와 논리적 판단을 할 수 있다.

셋째, 독서토론은 자신의 생각의 틀을 넓고 깊게 확장시켜 준다. 한 사람이 책을 읽고 생각한 것이 한 가지라면, 7명이 책을 읽고 가진 생각은 일곱 가지가 된다. 어쩌면 시너지 효과가 더해져 그 이상이 될 수 있다.

다시 말해, 독서토론을 통해 자신이 생각한 것, 바라보는 시각을 정리할 수 있는 것은 물론이고 다른 사람의 생각과 시각을 알 수 있는 계기가 된다. 책을 또 다른 시각으로 바라볼 수 있는 기회가 되는 것이다. 미처 알지 못했던 생각, 그냥 지나쳐 버렸던 책 내용에 대해 다시 한 번 심취해 책을 들여다 볼 수 있는 것이다. 마치 음식을 오래도록 꼭꼭 씹고 씹으며 고유의 맛을 느끼는 것처럼 말이다.

넷째, 또 다른 독서에 대한 동기유발을 일으킨다. 예를 들어, 조상들의 과학적 지혜가 담긴 석빙고에 대한 책을 읽고 탐구토론을 진행하였다고 하자. 석빙고의 원리는 현대의 냉장고의 원리와 비슷한 점과 다른 점, 나아가 보온병의 원리와도 유사한 점이 있음을 발견하고 토론을 하게 될 것이다. 또한 석빙고 외에 옛 조상들의 과학적 지혜를 현대생활에 적용시킨 것에는 무엇이 있는지 토론할 것이다. 이러한 과정들가운데 몇몇 학생은 석빙고를 사용하였던 신라시대의 배경, 몇몇 학생은 다른 나라의 옛 음식 저장 방식 등에 대해 호기심을 가지고 해당분야의 책을 탐독할 수 있는 기회를 가질 수 있다. 즉 독서토론을 통해생각과 사고가 꼬리를 무는 가운데 생기는 궁금증은 자연스레 자발적독서로 이어질 수 있다.

아인슈타인은 "자녀에게 선물로 줄 수 있는 것이 한 가지 있다면 무엇을 주고 싶은가?"라는 질문에 "호기심"이라고 답했다고 한다. 이러한 호기심을 자극하는데 있어 독서토론만큼 좋은 것도 없다.

다섯째, 자신의 생각을 일목요연하게 정리해서 논리적으로 말할 수 있는 능력을 키워 준다. 최근 교육이슈 중의 하나가 '논술'이다. 자기소개서, 학업계획서, 대학 본고사 등 자신의 생각을 논리정연하게 글로표현하는 논술의 중요함을 인식하고 초등학교 때부터 교육하고 있다.그런데 논술이 어려운 것은 글로 표현하기까지 여러 가지 단계들이 있는데, 이를 차근차근 거쳐야만 좋은 논술을 쓸 수 있기 때문이다.

골프를 친다고 가정해보자. 처음부터 바로 필드로 나가 경기를 할 수 없다. 골프채를 잡는 법, 손과 발의 자세, 퍼팅하는 법 등 단계를 밟아 훈련하고 연습하고 난 후에야 필드에 나갈 수 있다.

논술도 마찬가지이다. 먼저 자신의 생각을 짜임새 있게 표현하기 위해서는 풍부한 배경지식이 필요하다. 배경지식을 쌓기 위해서는 당연히 폭넓은 독서가 필수적이다. 독서를 하면서 다른 사람과 생각을 공유하는 것은 사고력 확장에 의미 있는 시간이 될 것이다. 이러한 과정을 거치면서 자신의 입장을 공고히 하고, 주장에 따른 근거가 확실해질 때 좋은 논술이 나오게 된다.

독서토론은 논술을 위한 튼튼한 징검다리 역할을 할 것이다. 읽기와 듣기가 수용단계라고 한다면, 말하기와 쓰기는 표현단계이다. 수용단계를 거친 후 표현단계로 발전하게 되며 글쓰기는 최종단계이다. 즉 글을 쓰는 것이 가장 어렵고 힘든 작업이다. 그러나 자신의 생각을 조리 있게 말하는 연습을 충분히 한다면 논술은 쉽게 할 수 있다. 즉 글로 표현하는 것이 논술, 입으로 표현하는 것이 구술이라고 하는 것도 이와 같은 맥락이다.

마지막으로 자기표현 기술, 스피치 능력을 키워준다. 자신의 생각을 논리정연하게 발표하는 능력은 중요한 기술이다. 의사전달 능력을 갖추기 위해 생각을 정리하고 간결하게 초점을 가지고 말해야 한다.

독서토론은 토론 중에 발생하는 갈등을 해결하는 갈등해결 능력을 길러주며, 감정에 좌지우지 되지 않고 말할 수 있는 감정조절 능력의 향상도 기대할 수 있다. 또한 충분한 근거와 자료를 제시하며 자신의 의견을 피력할 수 있는 스피치 능력이 길러진다. 그리고 비언어행동, 즉 시선, 자세, 손짓, 몸짓, 표정 등 말하기 능력에 있어 중요한 부분에 대한 학습도 자연스럽게 이루어지게 된다.

3

우리 아이 책,
어떻게 선정할까?

학기 초 서점에 가면, 부모들은 학년 권장도서, 도서관련 기관에서 발표한 추천도서를 찾아 구입하느라 분주하다. 부모들의 이야기를 들어보면 '다른 아이들은 다 읽는데 우리 아이만 읽지 않는 건 아닌가' 하는 불안한 마음 때문에 추천된 도서를 읽히고 싶다고 이야기 한다. 또한 권장도서는 검증된 책이라는 생각이 들어서 믿고 구입하게 된다고 한다.

권장도서, 필독서 모두 출판계에 종사하는 사람들이 읽고 선정된 도서임에 틀림없다. 그러나 우리가 놓치고 있는 것은 '과연 그 책들이 현재 우리 아이의 독서수준에 맞는가' 하는 점이다. 값비싼 금목걸이를 돼지가 두르는 것 처럼, 좋은 책이지만 아이가 충분히 소화하지 못하고 있다면 아무런 소용이 없다.

그렇다면 세 가지 기준으로 아이의 수준에 맞는 책인지를 판단할 수 있다.

첫째, 한 페이지에 아이가 이해하지 못할 단어가 다섯 개를 넘으면 수준에 맞지 않는 책으로 간주한다. 아무리 좋은 책이라 한들 아이가 그 내용을 충분히 이해하지 못한다면 무슨 의미가 있겠는가. 물론 새로운 단어를 맥락 속에서 알아갈 수도 있다. 그러나 낯선 단어가 다섯 개를 넘어가면 책이 주는 즐거움을 느끼기에 큰 걸림돌이 된다.

둘째, 적당한 그림, 삽화, 이해를 도울만한 사진이나 자료 등에 대한 부분이다. 책에 흥미가 없는 아이들의 경우 '책을 읽는다'는 표현보다 '책을 본다'라는 표현이 맞을 것이다. 글로 책을 이해하는 부분도 있지만, 그림을 통해 글을 이해하는 경우도 많기 때문이다. 즉 독서에 입문하는 아이들의 경우, 관련 사진, 도표, 그림 등이 풍부해서 다양한 볼거리를 제공하는 친절한 책을 선정하는 것이 좋다. 반면 독서력이 있는 아이라면, 글과 그림이 조화를 이루는 책이 좋을 것이다.

셋째, 책을 고르는 것은 식사할 때 수저를 가지고 이 반찬 저 반찬을 골라 먹는 것과 같다. 우리가 식사할 때 탄수화물, 단백질, 무기질 등을 골고루 섭취해야 건강한 신체를 유지할 수 있듯이, 영혼의 양식인 독서를 할 때도 다양한 분야의 책을 골고루 읽는 것이 중요하다. 따라서 한 분야에 치우친 편독은 조금 경계할 필요가 있다.

여자 아이들은 주로 순수소설, 동화를 좋아 하는 경향이 있고, 남자 아이들은 판타지 소설이나 과학 쪽에 치우친 독서를 하는 경향이 많다. 자신이 좋아하는 분야를 통해 독서의 흥미를 가졌다면 다른 분야의 책도 관심을 가지고 쉬운 책부터 읽어볼 수 있게 하는 것이 좋다.

> "예린아, 최근 지구온난화가 늘 화젯거리가 되고 있는데 이 책에서 재미있게 설명해 주네."
>
> "승우야, 엄마가 어릴 때 재미있게 읽었던 동화인데 읽어보는 건 어때?"
>
> "음. 무슨 내용인데?"
>
> "두 친구가 학교에서 성적으로 경쟁을 하고 있었어. 그런데 열심히 공부하는 중에 갑자기 교실의 전구가 나간거야. 공부를 할 수 없는 상황이 되었으니 모두들 엎드려 쉬고 있었지. 그리고 5분 후에 불이 다시 들어왔는데 한 학생이 일어나지 않는 거야. 쓰러진 거였어…, 어때 흥미진진하지 않니?"
>
> "음. 재미있겠는데? 나 이 책 볼래."

이처럼 부모는 아이에게 호기심을 유발시킬 수 있는 촉매제 역할만 해도 충분하다. 그러면 아이들의 편독은 자연스레 고쳐질 수 있다.

책 선정에 있어 중요한 원칙은 다음과 같다. 반드시 아이가 좋아할 만한 책이어야 하며, 부모가 골라주는 책이 아닌 아이가 직접 고른 책이어야 한다. 책 선정을 할 때 부모는 길잡이 역할만 해야 한다.

> "이 책 읽어."

이처럼 막연한 기준으로 책을 선정해서는 곤란하다. 따라서 부모가 아이에게 특정 책을 읽히고 싶다면 분명 달콤한 말로 아이의 마음을 자극할 수 있겠지만 반드시 최종 결정은 아이가 하도록 해야 한다. 예를 들면 다음과 같다.

지금부터는 몇 가지 책 선정 방법을 제시하겠다.

첫째, 아이가 좋아하는 분야의 권장도서를 찾아본다.

우리 아이가 좋아하는 관심분야와 권장도서가 일치한다면 금상첨화이다. 즉 아이가 우주과학 분야에 관심이 많은 5~6학년이라면 《별똥별 아줌마가 들려주는 우주이야기》를 추천하면 좋다.

책을 좋아하지 않는 아이라면 영화로 먼저 접한 내용을 책으로 보게 하는 것도 좋다.《나눌 수 있어 행복한 사람 이태석》은 영화 〈울지 마, 톤즈〉를 관람하고 줄거리를 이해한 후에 읽는다면 책을 보다 쉽게 읽어 내려갈 수 있을 것이다.

둘째, 교과서와 연계된 도서와 권장도서가 일치하면 좋다.

교과서 맨 뒤쪽을 펼쳐보면, 교과서에 수록된 작품들이 소개되어 있다. 교과서에 작품전체를 실을 수 없기에 일부분을 발췌해서 교과서에 싣게 되는데, 학생들이 작품전체를 읽어본다면 보다 깊이 있고 흥미로운 학습이 될 수 있을 것이다.

6학년 읽기책의 경우 삼십여 권, 도덕책은 이십여 권, 듣기·말하기·쓰기는 십여 권의 책에서 부분 발췌되어 교과서가 구성되었다. 기타 과학이나 사회과 과목의 경우 단원주제를 살피고 관련 주제와 관련한 책을 찾아보면 유익한 독서가 될 것이다. 교과서 연계독서는 작품 전체에 대한 이해를 도모할 수 있고, 학교 수업에 대한 동기유발에 도움이 된다.

셋째, 많은 사람들을 통해 검증된 책을 고르도록 한다.

고전은 많은 사람들에게 읽히고 그 내용이 유익함을 사람들에게 인정받은 책이다. 따라서 어린이 도서에서도 고전을 찾아 읽히는 것이 좋다.

이와 더불어 필자는 보통 아이들의 책을 고를 때 다음과 같은 세 가지를 고려한다.

첫째, 3쇄 이상 판매된 책이다.

보통 출판사에서 1쇄로 삼천 권 정도를 인쇄한다. 따라서 3쇄라 하면 구천 권 이상 출판된 책이라 할 수 있다. 즉 독자들로 하여금 많이 읽혀지고 있는 책임을 간접적으로 확인할 수 있는 것이다.

둘째, 출간한 지 또는 개정 출간된 지 3년이 지나지 않은 책이다.

아이들은 책을 통해 맞춤법, 표준어 등을 자연스럽게 습득하게 된다. 따라서 맞춤법 개정이 오래된 책, 표준어 개정 전의 낱말을 사용하는 책은 아이들의 국어실력에 좋지 않은 영향을 주게 되므로 선택하지 않는다.

셋째, 잘 알려진 출판사를 선택한다.

비슷한 주제, 비슷한 내용의 책이 몇 권 있다면 잘 알려진 출판사의 책을 선택한다. 책을 쓰는 저자의 원고를 출판사에서 면밀히 검토하여 몇 번의 편집을 거치면서 책이 만들어 진다. 이러한 과정에서 잘 알려진 출판사의 경우 원고선택의 기준도 까다롭고, 편집 또한 작업이 세분화되어 여러 명이 진행하기 때문에 보다 완성도가 있다고 판단되기 때문이다.

아이와 책 이야기를
함께 해보자

책을 싫어하는 사람들에게 독서는 참 지루하고 힘든 일이다. 그러나 책을 좋아하는 사람들은 틈만 나면 책을 꺼내 들고 책속으로 빠져든다. 태어나면서부터 책을 좋아하는 사람, 싫어하는 사람으로 나뉘지는 않는다. 분명한 것은 습관이다. 책을 주변에 늘 가까이 두는 사람은 책속 여행이 행복하기만 하다. 그러나 책을 1년에 한두 권 읽는 사람이라면 아무리 책장에 책이 많이 꽂혀있어도 쉽게 꺼내 읽지 않는다.

누군가 사랑도 분명 의지 행위라고 하지 않았던가? 따라서 책을 좋아하지 않는 사람은 책을 사랑하고자 노력해야 한다. '혼자 가면 빨리 갈 수 있고, 둘이 가면 멀리 갈 수 있다' 는 말이 있다. 책은 죽는 날까지 함께 할 영혼의 친구이다. 따라서 함께 할 동반자가 필요한데 그 동반자는 바로 가족이다.

가정 내에 독서문화가 자리 잡도록 하자. 이미 독서의 중요성을 아는 사람들은 집에 TV를 없애고 거실은 도서관처럼 꾸며 놓는다. 그리고 집안 곳곳 손닿을 만한 장소에 책을 두고 책과 친해질 수 있는 환경을 조성한다. 이처럼 독서를 위한 하드웨어가 갖추어졌다면, 이제는 소프트웨어, 즉 프로그램에 눈을 돌려야 한다. 그런 의미에서 가정에서 정착되었으면 하는 독서 프로그램 세 가지를 소개한다.

첫째, 독서토론이다.

한 권의 책을 읽고 책에 관해 토론을 하면서 서로의 생각을 공유한다면 책을 세 권 이상 읽은 것과 같은 효과를 얻는다. 단순히 책을 읽고 '재미있네' '웃기다' '감동적이네'라는 느낌에서 더 깊이 책을 들여다보는 것이 독서토론이다. 왜 재미있고, 왜 웃기며, 무엇이 감동적인지, 그리고 나라면 어떻게 했을지, 주인공의 행동이 옳았는지, 만약 결정의 순간에 주인공이 다른 결정을 했다면 등에 대한 물음을 가지고 접근하는 것이다.

이러한 깊이 있는 토론을 위해서는 책을 최소한 두 번 읽어야 한다. 한 번은 책의 줄거리를 파악하는 것에 초점을 둔다면, 또 한 번은 책의 내용을 따라가는 것이 아니라, 자신의 생각과 판단을 가동시키며 책과 거리를 두고 읽는다. 독서토론을 통해 책을 깊이 이해하는 것은 물론이며, 나중에 책을 인용하여 이야기를 할 수 있고 책의 내용도 쉽게 잊

어버리지 않는다.

　서울여대 장경철 교수는 학습을 하면서 알게 된 중요한 지식과 지혜를 잃어버리지 않기 위해 스스로를 '지식의 유통자'라 말하며, 알게 된 내용을 다른 사람들에게 말하는 전략을 사용한다고 한다. 실제로 우리 뇌가 어떤 내용을 가장 오래, 그리고 많이 기억하는 데 효과적인 전략은 '발표하기'라고 한다. 발표하기를 통해 내용의 81퍼센트까지 기억한다는 연구결과가 있다. 즉 이해한 내용을 자신의 언어로 재해석해서 이를 다른 사람에게 말함으로써 쉽게 기억할 수 있다.

　꼭 기억하고 싶고, 충분히 이해하기를 원하는 책이 있다면 반드시 독서 후 내용에 대해 토론할 것을 권한다. 독서토론을 하면 할수록 오랜 숙성된 된장과 같이 점점 더 깊은 독서의 맛을 느끼게 해줄 것이다.

　가정에서 2주에 한 번, 혹은 한 달에 한 번 날짜와 시간을 정해 독서토론을 실천해야 한다. 집에서 가장 눈에 잘 띄는 곳에 'O월 O일 O시, 제O회 가족 독서토론, 책명 : OOOO'라고 게시하여, 모든 가족이 기대하는 마음으로 독서토론을 준비하고 실시하도록 하자.

　처음 할 때는 만족할 만한 독서토론 시간이 되지 않을 수 있다. 이는 당연하다. 첫술에 배부를 수 없다. 시행착오를 줄이기 위해 토론방법에 대해 충분히 숙지하고, 가족들에게도 설명이 필요하다. 그리고 때마다 개선해야 할 사항을 메모하면서 부족한 점을 개선해 나가는 전략이 필요하다. 이렇게 보충해 나간다면 3회 때부터는 처음보다는 훨씬 더 활발하고 즐거운 토론 시간이 될 것이다.

　둘째, 가족회의 시간이다. 가족회의는 말 그대로 가족들이 함께 논의할 문제를 가지고 대화하며 모두가 인정하는 합리적인 방법을 찾아 나가는 시간이다. 그리고 가족 구성원 각자의 일상을 가족들과 나누는 공식적인 시간이기도 하다. 주로 가족회의 순서는 일반적으로 다음과 같이 진행하는 것이 좋다.

1. 개회선언
2. 지난 주 우리 가족뉴스
3. 유머 서바이벌
4. 토의할 문제 정하기
5. 토의진행
6. 책소개 하기
7. 다음 주 각자의 계획과 결심
8. 폐회 및 간단한 파티

사회는 엄마, 아빠, 첫째 아이, 둘째 아이와 같이 순서를 정해 돌아가면서 한다. 지난 주 우리가족 뉴스에서는 사전에 사회자가 한 주 동안 있었던 일, 축하할 일, 위로해야 할 일들을 조사하여 발표하는 시간이다. 그리고 유머 서바이벌은 가족 한 명 한 명이 1~2분 내외의 재미있는 이야기, 유머를 준비해서 발표하는 시간이다. 이때 가장 반응이 좋은 사람에게 작은 선물을 준다.

이어서 토의할 문제, 즉 안건을 상정한다. 용돈을 올리는 문제, 우리 가족 여름휴가지, 가정 내에서 TV 시청시간 조절 등 여러 가지 토의주제 가운데 다수결을 통해 한 가지를 정하도록 한다. 이어서 주제에 대한 토의가 이어진다. 그리고 토의에 대한 결과는 모두 인정할 수 있는 결론이 나오는데 초점을 두고 최대 30분을 넘기지 않도록 한다. 시간이 오래 진행되면 아이들이 다음 주 회의를 부담스러워 할 수 있기 때문이다. 최대한 아이들의 이야기를 들어주는 것에 초점을 둔다. 또한 부모가 아이를 훈계하는 듯한 발언은 삼가야 한다. 회의는 동등한 입장에서 서로의 의견을 제시하는 것임을 명심해야 한다.

토의가 끝나면 지난주에 읽은 책들 가운데 한 권을 2분 정도 소개한다. 이때 파워포인트PPT를 이용해도 좋고, 미리 작성한 원고를 읽는 형식도 괜찮다. 발표 후 가족들의 칭찬과 질문으로 이어지면 좋다. 책을 소개한 후에는 다음 주 가족 각자의 계획과 결심을 돌아가며 이야기 하는 시간을 가진 후 가족회의를 마친다. 이후에는 다과와 간식으로 간단한 파티를 한다.

가족회의는 상대방의 말을 경청하고 자신의 주장을 논리적으로 이야기하는 스피치 능력 향상에 도움을 준다. 가족회의는 독서토론과 아주 긴밀한 관계가 있다. 어떻게 이야기하고 무엇을 이야기하며, 어떻게 반응하고 갈등을 조절해 나갈지, 그리고 자기감정을 어떻게 조절해 나갈지 등에 대한 능력을 키울 수 있다. 이처럼 가족회의는 독서토론의 중요한 초석이 됨을 기억하자. 독서토론을 시작하기 부담스럽다면 가족회의부터 시작해 볼 것을 권장한다.

마지막으로 독서 시간이다. 막연히 "독서해라" "책 읽자"라고 말할

게 아니라, 구체적인 실천방법과 규칙을 정해 놓은 독서 시간이 필요하다. 오름교육연구소 구근회 소장의 경우 저녁식사 후 7시~8시까지는 모든 가족이 하던 일을 멈추고 조용히 독서를 한다고 한다. 아무리 급한 일이 있어도 이 시간만큼은 독서를 하려고 노력하는 것이다. 이러한 독서 시간을 정하고 실천을 하다 보니 이웃들에게 소문이 나서, 이 시간이 되면 이웃과 아이들의 친구들이 찾아와 함께 독서를 하는 경우도 있다고 한다. 즉 7시에서 8시 사이, 집은 도서관이 되는 것이다.

이와 같이 가족회의를 통해 독서 시간을 정하고 매일 그 시간만큼은 모든 일을 잠시 뒤로 하고 책에만 몰입할 수 있는 시간을 갖는 것이 좋다. '하나의 습관이 자리 잡기 위해서는 66일의 노력이 필요하다' 는 연구결과가 있다. 한 가지 일을 꾸준히 하다보면 66일 이후에는 특별한 노력을 하지 않아도, 습관으로 자리 잡혀 자연스럽게 행동으로 이어질 것이다. 어떠한 행동을 혼자 하면 튀는 행동이 되고, 2명이 하면 유행이 된다. 그러나 3명 이상이 함께 하면 문화가 된다.

저녁에 특별한 일이 있어 외출을 부득이 해야 할 경우, 먼 곳으로 여행을 떠난 경우에도 마찬가지이다. 여행 가방에 반드시 챙겨야 할 필수 항목에 책도 들어가야 한다. 여행을 떠난 경우, 여행지에 관련된 책을 챙긴다면 이보다 더 즐거운 독서는 없을 것이다.

《나의 문화유산 답사기》를 들고 남도여행을 떠났다면, 책의 글귀들을 읽은 즉시 자신의 눈으로 확인할 수 있는 시간을 보낼 수 있다. 또 가족이 정한 독서 시간을 엄격히 지키고자 부모들이 먼저 노력해야 한다. 집안의 알람시계를 저녁 특정시간에 맞춰 놓아 알람이 울리면 모든 일을 멈추고, 거실에 모두 모여 즐겁게 독서하는 시간을 갖는 것이 좋다. 무엇이든 시작이 어렵고 변화가 힘이 들지만 변화가 있을 때 새로운 기회를 맞이할 수 있다.

경쟁력 있는 좋은 습관은 올바른 가정의 가족 문화에서 나온다. 아이들이 책을 가까이 하는 아이가 되었으면 하는 바람이라면 부모가 먼저 그러한 모습을 보여 주어야 한다. 그리고 가족의 문화를 독서를 즐기는 문화로 바꾸면 된다.

요즘 여러 기관에서 '가족 독서토론 대회'를 많이 개최하고 있다. 가족들이 분명한 목표를 가지고 독서를 한다면, 더욱 활기차게 독서할 수 있는 기회가 될 것이다.

한국독서토론협회에서 주최하는 '전국 가족 독서토론 대회'가 있다. 2010년, 1회 대회를 시작으로 지금까지 이어져 오고 있다. 대회접수와 자세한 사항은 한국독서토론협회 홈페이지 http://cafe.daum.net/todayandnow 를 통해 확인가능하다. 초등학생이 있는 가족이라면 누구든 참가 가능하다.

부모와 자녀가 같은 책을 읽고 느끼고 생각한 것을 이야기하며 토론하는 방식으로 진행된다. 가족의 능동적인 독서습관을 유도하여 지속적으로 독서생활을 할 수 있는 동기를 부여하는 데 대회 개최 의의가 있다.

집에서 독서토론을 진행해 본 경험이 있다면, 도전해 볼 만하다. 혹시라도 독서토론을 진행해 본 경험이 없다면 참관하는 것만으로도 큰 도움이 될 것이다.

덧붙여 매년 5월에는 파주출판단지에서 개최되는 '어린이 책 잔치'
가 있고, 매년 10월, 서울광장과 덕수궁에서는 서울시에서 주최하는
'서울 북 페스티벌' 행사가 있다. 두 개의 행사는 말 그대로 책 축제이
다. 저자 강연, 어린이 책 전시, 북 콘서트, 테마전시 등 다양한 프로그
램이 진행된다. 이러한 행사에 참여하는 것만으로도 아이에게 긍정적
인 자극이 될 것이다.

질문으로 풀어보는
독서에 관한 궁금했던 것들

이번 장에서는 학부모들이 평소에 궁금해했던, 독서지도에 대한 질문에 대해 답하는 구성으로 진행된다. 영어공부를 하는 효과적인 방법 중 영어 동화책을 읽는 것이 과연 정말 유용한지, 만화책 독서는 어떻게 지도해야 하며 독후활동은 어떻게 지도해야 하는지 등 매우 실질적이고 유용한 정보를 제공한다.

책 읽는 아이
토론하는
우리집

영어 동화책이 최고의 영어공부 수단일까요?

영어능력 향상을 위해 가장 중요한 것은 '영어공부에 대한 당위성'이다. 왜 영어를 공부해야 하는지 아이가 스스로 깨닫지 못하면, 영어공부와 영어독서 등의 활동은 아이들에게 부담으로 느껴질 것이다. 따라서 영어공부를 왜 해야 하는지에 대한 지도가 필요하다. 영어공부가 꿈을 위해 필요한 것이라고 생각하게 할 수도 있고, 외국 사람과의 원만한 커뮤니케이션을 위해 배워야겠다고 다짐하게 할 수도 있다. 그리고 영어공부가 어느 정도 이루어진 후, 자신의 실력을 발휘할 기회를 제공함으로써 더욱 학습동기를 고취시킬 수도 있다.

영어공부에 대한 동기가 확실하게 생겼다면 그 다음은 효과적인 학습이다. 영어를 잘 구사하기 위한 가장 효과적인 방법은 무엇일까?

아리랑 TV의 인기프로그램인 〈퀴즈 챔피언 Quiz Champion〉은 고등학교 학생들이 영어로 문제를 풀고 답하는 퀴즈프로그램이다. 이 프로그램에 참여한 고등학생 300명을 대상으로 '가장 효과적인 영어공부 방법'이 무엇인지에 대해 질문했다. 그 결과 143명(47퍼센트)이 영어독서, 83명(28퍼센트)이 영어방송 청취나 시청, 39명(13퍼센트)이 영어학원 수강, 27명(9퍼센트)이 영어의 일상생활화라고 답했다.

영어동화책은 아이들에게 세 가지 장점이 있다.

첫째, 자연스럽게 영어권 문화에 대해 알 수 있다. 무엇을 먹고, 생활하고, 이야기하는지에 대해 책을 읽음으로써 습득하게 된다.

둘째, 어떻게 영어로 표현하고 말하는지에 대해 자연히 알 수 있다.

This is my friend, Min-ho (애는 내 친구 민호야).

Hi, nice to meet you (안녕, 만나서 반가워).

이와 같은 표현을 문법책에서 배운 것과 책에서 반복적으로 봄으로서 익히는 것 중에서 어느 것이 좀 더 효과적일까? 그렇다. 동화책에서 자주 사용되는 표현은 외우려 하지 않아도, 기억하고 말할 수 있다.

셋째, 일반적인 문법, 어휘 공부보다 동화책을 통한 영어공부는 흥미를 가지고 학습을 지속시킬 수 있다.

문법과 어휘를 따로 공부하다 보면 배우는 단어와 문장의 쓰임을 제대로 이해하지 못한 채 넘어가기 쉽다. 그러나 동화책을 읽음으로써 단어와 문장이 우리 생활에 어떻게 활용되는지 당연히 알 수 있다. 영어동화책은 영어공부에 있어 참 중요하고 유용한 교재이다. 따라서 아이들이 스스로 영어책에 흥미를 가지고 읽을 수 있도록 격려해 주는 것이 필요하다.

영어동화책을 활용한 효과적인 공부방법은 다음과 같다.

먼저, 영어책은 아이의 수준에 적합한 것을 고른다. 한 페이지에 두세 개 정도의 모르는 단어가 나오는 것이라면 괜찮다. 그러나 그 이상이라면 수준조정이 필요하다.

둘째, 테이프와 시디CD를 이용해 책을 따라 읽으며, 마음에 드는 문장은 외워보는 것도 효과적이다.

셋째, 책 내용을 읽고 부모와 함께 이야기를 나누어 본다. 저학년이라면 퀴즈, 그림그리기, 만화그리기 중심의 독후활동이 좋고, 고학년이라면 토론을 해 보는 것도 좋을 것이다.

크리스틴 너틀Christine Nuttall은 그의 저서 《Teaching reading skills in a foreign language》에서 외국어 실력을 신장시키기 위한 최고의 방법은 '원어민들과 함께 생활하며 사는 것'이고 다음 방법은 '광범위하게 독서를 하는 것'이라고 밝혔다. 어떻게 상황을 묘사하고, 영어적인 표현으로 어떻게 말하는지 가장 쉽게 익힐 수 있는 것이 바로 영어책이다. 문법적인 요소, 어휘력, 그리고 문화까지 함께 배울 수 있는 최고의 방법이 바로 영어독서인 셈이다.

2

만화책 읽기는
어떻게
지도해야 하나요?

아이가 그림보다 글이 많은 책을 좋아하고 즐겨 읽었으면 하는 것은 대부분의 부모 마음일 것이다. 흥미 위주의 만화책만을 읽고 있는 아이를 보면 한숨이 쉬어지는 것도 사실이다. 그러나 만화책은 아이의 독서수준과 상태에 따라 다르게 접근할 필요가 있다. 만화책이라고 무조건 좋은 것도 나쁜 것도 아니기 때문이다.

책 읽는 것에 전혀 흥미가 없는 아이에게는 처음에 만화책을 통해 책 자체에 대한 재미를 가지게 하는 것이 좋다. 어떠한 새로운 일을 할 때 먼저 흥미를 붙여야 관심을 갖고 더 깊이 파고들고자 할 것이다. 고학년이든, 저학년이든 책을 싫어하는 아이에게는 당근에 해당하는 것이 만화책이다.

모든 만화책이 나쁜 것은 아니다. 만화는 어떠한 내용을 전달하는 형식에 불과하다. 좋은 콘텐츠를 만화로 나타낼 수도 있고, 글과 그림으로 나타낼 수도 있다. 따라서 중요한 것은 책의 내용이지 형식이 아니다. 스테디셀러인 《먼나라 이웃나라》는 다소 어렵게 느껴지는 역사 이야기를 만화와 함께 소개함으로써 내용 이해를 돕고 있다.

우리는 평소에 세 끼 모두 밥만을 먹고 살지는 않는다. 가끔은 라면, 피자, 치킨으로 끼니를 대신한다. 책도 마찬가지이다. 늘 그림보다 글이 많은 책을 읽다가 가끔은 만화책에 눈을 돌릴 수도 있다. 그러나 오직 만화책만을 고집하는 어린이들의 경우, 유익한 내용의 글이 아닌 단지 재미위주의 만화책을 보는 경우가 많다. 이러한 경우, 부모의 적절한 지도가 필요하다. 그렇다면 어떻게 지도해야 할까?

첫째, 책을 읽어줄 필요가 있다. 아이들은 '글이 그림보다 많은 책은 재미없을 것이다' 라는 편견이 있다. 그러나 부모가 이야기를 들려주면서 글이 많은 책에 대한 거부감을 깨뜨릴 수 있다.

둘째, 독서기록표를 작성하게 한다. 독서기록표는 문학, 과학, 수학, 역사, 만화 등으로 종류를 나누어 책을 읽으면 스티커로 표시해 나가는 것이다. 이를 통해, 아이의 독서경향을 파악할 수 있다. 부모는 이러한 표를 통해 균형 있는 영양 상태를 진단하듯 편독에 대한 지도를 할 수 있고, 아이 스스로도 자신이 어떤 독서 성향을 갖고 있는지 느낄 수 있게 된다.

마지막으로 글이 많은 책을 읽어야 하는 상황을 만드는 것이다. 만화책을 무척 좋아하는 아이는 다른 책에 손이 갈 이유가 없다. 이때에는 글이 많은 책을 읽어야 하는 상황을 만들어 준다. 대표적인 것이 독후감상문 대회 참가, 정기적 독서토론, 학교의 독서관련 과제이다. 아이가 만화책이 아닌 책에서 책이 주는 즐거움에 빠지도록 다소 강제적인 상황에 처하게 하는 것이다.

학원을 보내지 않아 불안한데 학원비로 책을 사줘도 될까요?

학원교육을 내려놓고 그 비용으로 아이에게 다양한 분야의 양질의 책을 사주는 부모에게 먼저 존경을 표한다. 쉽지 않은 결정이고, 아이에 대한 신뢰와 책에 대한 믿음이 있기에 가능한 것임을 알기 때문이다.

실제 교육현장에서 학습능력이 우수한 아이와 떨어지는 아이들의 공통점을 살펴본 적이 있다. 학습능력이 떨어지는 아이들은 교과지식을 전달하는 입시학원과 같은 주입식 위주의 학원에 많이 다니는 것을 발견할 수 있었다. 반면 학습능력이 우수한 아이들은 주입식 위주의 학원이 아닌 토론중심 수업, 탐구중심 수업, 참여 위주의 학원에 많이 다님을 확인했다.

　성취도가 낮은 아이는 주입식 수업을 통한 수동적 학습태도를 가지는 경향이 짙고, 성취도가 높은 아이들은 스스로 학습할 수 있는 능력을 키워가려는 경향을 가진다는 것을 발견할 수 있었다. 물론 성취도가 낮은 아이들은 뒤쳐진 공부를 보충하기 위해 당연히 지식주입 위주의 학원을 찾을 수밖에 없다.

　그러나 이것은 계속적으로 학습을 쫓아가고 보충하고 주입받기를 원하는 태도로 굳어질 수 있다. 따라서 아이들 스스로 생각할 수 있는 능력, 사고력과 더불어 찾아보며 공부하는 태도를 높이기 위한 노력도 함께 해야 함을 강조하고 싶다.

　학원비로 책을 사준다는 것은 아이 스스로 지식을 받아들이고, 체계화하고, 탐구하는 과정을 연습하도록 하는 것을 의미한다. 부모는 문학, 사회, 역사, 과학, 수학, 영어 등 다양한 분야의 책을 아이들이 골고루 읽도록 지도하는 것이 좋다. 그리고 이러한 책에 대해 깊이 그리고 정확히 이해하기 위해 책을 놓고 탐구 · 토론하는 기회를 가지면 금상첨화이다.

　결론적으로 학원비 가운데 반 정도는 양질의 책을 아이에게 선물했으면 한다. 그리고 반 정도의 비용으로 일주일에 한 번 복지관이나 문화센터 등에서 개최하는 독서토론 모임, 과학, 수학 탐구실험 모임에 참가시켰으면 한다.

　학원은 스스로 공부할 수 있는 방법을 익히는 곳이어야 한다. 즉 혼자 설 수 있는 방법을 터득해 나가는 법을 배우는 곳이다. 고기를 잡아주는 학원이 아니라 많은 고기를 잡을 수 있는 방법을 가르쳐 주는 학원, 스스로 고기잡는 법을 연습할 수 있는 학원에서 공부하게 하는 것이 중요하다.

자기 스스로 공부를 계획하고 실천하고 반성하는 '자기주도 학습'의 중요성은 이미 알고 있을 것이다. 또한 이는 많은 부모가 바라는 소망이기도 할 것이다. 아이가 자기주도 학습을 실천하기 위해 가장 중요한 것은 공부의 기초체력이 되고, 어휘력과 문장이해력을 넓혀가는 독서의 선행이다. 스스로 학습내용을 정리하고, 중요내용을 파악할 수 있는 독서력을 키워주는데 집중해야 한다. 학원의 경우 지식을 전달하는 곳이 아니라 지속적으로 스스로 공부해 나갈 수 있는 힘을 길러줄 수 있는 곳을 선택해야 한다.

4

독후활동은 어떻게 지도해야 할까요?

부모들이 가진 고정관념 중 한 가지는 '책을 읽었으면 독후감을 써야 한다는 것'이다. 아이들은 이러한 어른들의 잘못된 생각 때문에 책을 좋아해도 독후감이 쓰기 싫어 책과 멀어지는 경우를 종종 본다. 독후활동으로 여러 가지를 할 수 있는데 꼭 독후감만을 고집하는 것은 잘못된 것이다.

독후활동은 책에 대한 이해력을 높이고, 저자의 생각만을 따라가는 수동적 독서에서 벗어나 독자 자신의 생각을 가질 수 있는 중요한 활동이다. 따라서 독후활동은 꼭 필요하다. 다양한 독후활동을 하려면 이에 알맞은 독서지도를 하는 것이 필요하다.

예원이는 독서 후에 주인공에게 편지를 쓰거나, 가장 인상적인 장면을 그림이나 만화로 나타낸다. 또는 책을 읽고 느낀 감동을 시詩로 표현하거나 주인공과 가상의 인터뷰를 한다고 생각하고 질문내용을 정리해 보기도 한다. 그리고 읽은 책을 다른 사람에게 소개하기 위한 글을 쓰기도 하고, 독서일기를 써보기도 한다. 즉 아이들은 책을 읽고 다양한 종류의 독후활동을 할 수 있다.

이런 활동들을 하기 전에 필자는 '독서토론'의 시간을 먼저 가질 것을 추천한다. 책을 읽고 느낀 감동을 그림이나 글로 나타내는데 있어 서로의 생각을 나누어 봄으로써 보다 정교한 작업을 할 수 있게 된다. 어쩌면, 진지한 자세로 심도 있는 독서토론을 한 것만으로도 충분히 알찬 독후활동을 한 것이라 볼 수 있다. 그 이상의 활동은 아이들이 하고 싶으면 할 수 있도록 부모가 제안해 보는 정도에 그치면 된다.

독서토론을 통해 막연히 머리에서만 맴돌던 책에 대한 느낌과 감정들이 문장으로 정리 되고, 장면이 보다 섬세하게 그려진다. 이를 글로 나타내면 독후감이나 논술이 되고, 그림으로 나타내면 독후감상화가 되는 것이다. 아이들이 말로 표현하면서 자신의 입장과 생각이 명확해짐을 확인할 수 있을 것이다.

5

책을 대충대충 읽는데 어떻게 해야 할까요?

책을 대충대충 읽다보면 내용 흐름의 이해에만 초점을 두는 경우가 많다. 이러한 경우 6개월이 지난 후 그 책에 대한 내용을 물어보면 가물가물 할 것이다. 따라서 아이의 흥미와 수준에 맞는 적절한 독후활동이 필요하다.

첫째, 부모가 먼저 책을 읽고 자녀에게 적합한 독후활동을 찾아보도록 한다.

"이 책을 읽은 후에 우리가 독서 골든벨을 해 볼 거야."

"이 책은 다음 주 우리 가족 독서토론 책이야."

"이 책의 저자강연회가 다음 주에 있는데. 꼭 읽어보고 참여하자."

“이 책의 배경이 된 부산을 우리가 다음 주에 여행할 거야. 꼼꼼히 읽어보고 가이드 부탁해.”

이처럼 아이가 책을 읽고 어떠한 의미 있는 활동을 만들어 주는 것이 필요하다. 물론 현실적으로 모든 책에 대해 그에 따른 활동을 할 수는 없다. 그러나 한 달에 두세 번 정도 부모가 아이의 독서교육에 관심을 가지고 준비한다면 아이의 독서수준은 한 단계 도약할 것이다.

둘째, 역류효과Washback Effect란 평가방법에 따라 접근법을 달리한다는 말이다. 다시 말해 평가가 객관식이냐, 주관식이냐에 따라 공부방법을 달리한다는 것이다. 독서에서도 마찬가지이다. 책을 읽고 책 내용에 관한 독서퀴즈를 푼다고 한다면, 학생들은 중요한 키워드를 중심으로 책을 읽어 나갈 것이다. 또한 자신이 예상문제를 생각하고 밑줄을 그어가며 독서할 것이다. 또 독서 후 토론이 이루진다고 한다면 줄거리를 이해하는 것은 물론 내용에 대해 한 걸음 물러서서 객관적으로 생각하는 시간을 가질 것이다. 토론은 내용을 철저히 파악한 후에 진행이 가능하기 때문에 아이들은 두 번, 세 번 책을 읽고 참가할 것이다.

셋째, 아이의 독서능력을 객관적인 잣대로 테스트해 본다. 막연히 책을 읽는 것에 의미를 두는 것이 아니라 효과적인 독서를 하도록 스스로 느끼고 깨닫게 하는 기회를 갖는다.

사단법인 한국교육능력평가원http://www.kepe.or.kr에서 주최하는 독서논술능력 검정시험은 교과서와 신문 지문 등을 활용해 초등학생, 중학생의 독서논술 능력을 평가한다.

공부와락의 공부READ검사 http://www.gongbuwarac.com 등은 학생의 학년과 수준에 맞게 검사를 할 수 있다. 또 표준화된 검사도구로 학생들의 독해력, 비판적 사고력, 추론적 사고력 등을 진단하여 객관화 된 점수로 제시해 준다.

한우리 열린교육 http://www.hanuribook.com 의 NRI독서종합검사, 교보문고의 독서진단 READ 등을 활용할 수 있다. 이러한 검사들을 통해 독서습관을 되돌아보고, 검사결과를 통해 피드백을 바탕으로 적절한 독서전략을 세울 수 있다. 1년에 한 번 정도 독서력 검사를 통한 보다 효과적인 독서를 위한 자기진단 테스트를 추천한다.

6

책은 많이 읽는데
성적은 좋지 않아요

신대철 씨의 계명대학교 석사논문 〈중학생의 독서와 성적과의 상관관계 연구〉에 따르면 경남지역 중학생 219명을 대상으로 한 연구에서, 월평균 독서량이 한두 권 읽는 학생은 643점, 세네 권 읽는 학생은 735점, 다섯에서 일곱 권을 읽는 학생은 837점, 여덟에서 열네 권을 읽는 학생은 840점, 열다섯 권을 읽는 학생은 총점이 923점으로 나타났다.

월평균 독서량에 따라 집단 간의 평균에 차이가 있으며 통계적으로 유의한 것으로 결론 내렸다. 특히 과목별 상관관계를 살펴보면, 국어와 사회가 제일 높고, 체육과 음악이 상관관계가 낮은 것으로 분석했다.

그러나 무턱대고 다독했다고 해서 모두가 다 좋은 결과를 기대할 수는 없다. 어떻게 효과적으로 읽느냐가 중요한 관건이기 때문이다. 책을 많이 읽는데, 기대만큼 성적이 나오지 않는 아이들은 크게 세 가지를 확인해 볼 필요가 있다.

첫째, 편독을 하는지 살펴보자. 책은 책인데 만화책, 잡지 형태의 책만을 읽는 경우이다. 또한 동화책만 계속 읽는 경우, 과학 관련 책만 계속 읽는 등 편독현상을 보이는 경우도 있다. 이는 영양의 불균형처럼, 지식의 불균형을 가져올 수 있다.

둘째, 효과적인 독후활동이 뒷받침되지 못했는지 돌아보자. 책을 읽고 항상 독후활동을 하는 것은 쉽지 않은 일이며, 한계가 있다. 그러나 필독서, 고전이나 양서의 경우 아이가 흥미 있어 하는 독후활동을 통해 책의 의미를 다시 한 번 생각해볼 기회를 가짐으로써 책에 대한 기억력을 증가시키는 것이 중요하다. 덧붙여 토론이나 북클럽 등의 정기적인 모임을 통해 자신이 읽은 책을 제대로, 꼼꼼히 이해했는지 서로 확인해 보는 시간을 가지는 것도 효과적이다.

셋째, 책의 글자나 그림만을 읽는 것으로 소위 대충대충 책을 보는 경우인지 점검하자. 대충대충 책을 보는 것 같은데 아이가 책의 내용을 잘 파악하고 있는 경우라면 큰 문제는 없지만, 그렇지 않은 경우라면 독서습관에 문제를 제기할 필요가 있다. 이와 같은 경우, 앞서 언급했듯이 독서진단 평가, 독서력 검사 등을 통해 독서능력에 대해 현재 아이의 상황을 객관적으로 파악하고, 적절한 독서지도를 받게 하는 것이 좋다.

많은 책을 효과적으로 읽었다고 해서 단기간에 성적상승의 변화가 있으면 얼마나 좋을까? 독서는 배경지식을 넓히는 것과 동시에 세상의 지식들을 알아가는 습득법을 배우는 중요한 학습이다. 배경지식이 쌓이고 쌓여 학교의 교과공부와도 연결이 되고, 새로운 것을 배울 때 독서를 통해 쌓은 어휘력, 독해력, 사고력, 논리력 등을 동원해 문제해결을 거침없이 해 나갈 수 있게 된다. 독서는 큰 산을 옮기는 작업이지 단시간에 놀라운 결과를 내는 도깨비 방망이가 아니다. 따라서 부모의 굳건한 믿음으로 높이, 그리고 멀리 바라보며 독서지도를 하는 것이 중요하다.

필자가 지도한 학생 가운데 학업성적이 최하위권이었던 학생이 있었다. 그러나 다행인 것은 항상 손에서 책을 놓지 않는 독서태도를 가지고 있었다. 그래서 문제집과 교과서를 통한 학습지도를 하기보다는 책을 이용해 독서지도를 했다. 또한 교과서와 연계된 독서를 읽게 하고 내용을 제대로 파악했는지에 대한 문제를 함께 풀어보고 토의토론도 진행했다. 국어는 동화책을, 수학은 수학의 역사와 수의 원리에 관한 책을, 과학은 우주·생물·화학 관련 이야기, 사회는 경제와 지리 관련 책을 놓고 6개월 정도 독서지도를 한 결과 아이의 성적에 변화가 일어나기 시작했다. 그동안 판타지 소설만을 읽고 또 읽던 아이가 독서의 방향을 바꿔 독서법과 공부법을 익히면서 중위권 이상의 성적을 얻을 수 있었다.

현재 아이의 성적이 중위권인가? 그러나 아이가 책을 즐겨 읽는다면 아이의 미래는 희망이 있고 발전 가능성이 있다. 실제로 대학수학능력시험과 논술고사는 독서를 빼고는 도저히 좋은 성과를 얻을 수 없는 시험이라 할 수 있다. 만약 현재 아이의 성적이 상위권인데 책을 읽을 시간이 없고, 책을 좋아하지 않는다면, 대책이 필요하다. 학원이나 과외 선생님의 도움으로 지식을 얻는 수동적인 학습태도에서, 자신이 알고 싶은 것을 스스로 알아가는 적극적인 학습태도와 탐구력을 가져야만 상위권을 유지 할 수 있을 것이다.

대학입시는 누가 무엇을 많이 아는가도 중요하지만, 누가 망망대해와 같은 학문의 바다에서 스스로 지식을 탐구하고 알아가는 능력을 가지고 있는지를 더 중요하게 생각한다. 대학수학능력시험은 말 그대로 대학에서 학문을 제대로 이수할 수 있는 능력을 가지고 있는지를 파악하는 시험이기 때문이다.

7

책을 잡으면
10분도 채 안 읽고,
책을 좋아하지 않아요

먼저 아이가 왜 책에 흥미가 없는지에 대한 분석이 선행되어야 한다. 그러나 일반적인 원인을 살펴보면 크게 세 가지로 나타난다.

첫째, 부모가 책에 관심이 없다. 부모가 책에 별다른 흥미가 없는 상태에서, 아이에게 독서를 강요하는 경우이다. 아이는 책을 봐야 하고, 부모는 TV 드라마를 시청하는 상황이라면 과연 아이는 책에 흥미를 붙일 수 있을까? 화려한 영상과 사건전개가 빠른 TV를 보고 싶은 욕망을 떨치기 힘들 것이다. 교육은 말로 하는 것이 아니라 행동으로 보여주는 것임을 명심해야 한다. 그리고 "책 읽어라"가 아닌 "책 읽자"라고 이야기해야 한다.

둘째, 책을 좋아하지 않는 아이들은 책을 잡고 있는 순간 자체가 고문이다. 책이 재미있는 이유를 전혀 느끼지 못하기 때문이다. 그 원인으로는 아이의 수준에 맞지 않는 책을 잡고 있는 경우, 읽고 싶은 책이 아닌 읽어야 하는 책을 잡고 있는 경우, 집에 오랫동안 소장되어 있던 책인 경우가 있다.

이런 경우, 아이의 손을 잡고 서점을 방문해 아이가 읽고 싶어 하는 책을 고르도록 하자. 자신의 독서수준에 맞는, 흥미를 느낄 수 있는 새로운 책은 아이에게 독서 욕구를 뜨겁게 불러일으킨다. 집에 있었던 오래된 책, 맞춤법이 맞지 않는 책, 아이에게 흥미를 주지 못하는 책으로 아이들의 관심을 끌려고 하지 말아야 한다. 특히 책에 흥미를 붙이고자 하는 단계라면 처음 6개월은 아이에게 책 선택권을 무조건 주어야 한다. 책에 손이 가도록 하는 것이 최우선 과제이기 때문이다.

마지막으로 책보다 더 큰 재미를 주는 자극적인 요소 즉 게임, TV 등에 빠져있는 경우이다. 실제 게임 중독, 인터넷 중독에 빠진 아이들은 마약 중독에 빠진 사람의 뇌구조와 비슷한 경향을 보인다고 한다. 이러한 아이들은 정서적으로 불안하고 중독된 활동이 아닌 것을 할 때 집중력이 많이 떨어짐을 확인할 수 있다.

중독증에 걸린 아이라면, 서둘러 교육청에서 운영하는 Wee센터 또는 아동심리치료센터를 방문해 치료를 받아야 한다. 이와 더불어 아이가 스트레스를 해소하고 화제를 돌릴 수 있는 운동을 시키는 것이 좋다. 중독에서 아이를 구제하는 것이 급선무이다.

중독증과 같이 심한 경우가 아니라면, 독서를 방해하는 요소들, 다시 말해 TV, 게임기, 컴퓨터 등을 아예 집에서 없애거나 보이지 않는 곳에 두는 것이 중요하다. 부모는 아이가 정말 할 일이 없어서 책을 펴서 보는 경우를 경험할 것이다. 조금 적극적인 부모라면, 책을 읽고 재미있게 스토리텔링 형식으로 이야기를 들려주는 것도 좋다.

아이들의 책 기피현상에 대한 원인을 곰곰이 생각해 보고, 아이들이 좋아하는 분야의 책부터 꺼내보도록 권유하자. 너무 서두르거나 앞서 가려고 하다보면 아이들은 지치고 싫증을 내기 마련이다. 따라서 부모가 실천하는 모습을 보여주면서 아이가 자연스럽게 따라올 수 있도록 이끌어 주는 것이 중요하다.

8

한 분야 책만 읽으려고 해요.
편독이 심한 아이, 어떻게 지도해야 할까요?

편독은 특정분야의 책만을 읽는 것을 말한다. 편식은 영양불균형을 가져오고, 편독은 사고의 불균형을 가져온다. 다양한 분야의 독서를 한 학생은 융합적 사고, 즉 다각도로 분석하고 분야를 넘나드는 사고를 할 수 있다. 그러나 편독이 심한 아이들은 다른 시각에서 바라볼 수 있는 사고를 하기가 힘들다. 따라서 편독에서 벗어나기 위해 다음과 같은 방법을 사용해 보자.

첫째, 독서상황표를 만들어보자. 막대그래프 형식의 표를 만들어 가로축에는 문학, 역사, 과학, 고전, 영어, 수학, 만화, 자기계발 등의 독서영역을 적고, 세로축에는 권수를 나타낸다. 예를 들어 아이가 영어도서를 읽었다면 영어 영역에 스티커 한 장을 붙이고 아래에 책 제목을 쓰면 된다. 이러한 독서상황표를 통해 자신이 어느 분야에 책을 많이 읽고, 적게 읽고 있는지를 한 눈에 파악할 수 있다. 부모가 한 달이 지난 후 전 영역에 걸쳐 세 권 이상 독서를 성실히 하면 어떠한 보상을 해주겠다고 한다면 아이는 자연스레 '고른 독서'를 하고자 할 것이다.

둘째, 책보다 직접경험이나 영화를 통해 먼저 체험시키도록 하자. 영희는 동화책을 무척 좋아한다. 책을 늘 손에서 떼지 않는 독서광이지만, 과학책에는 전혀 흥미가 없다. 이때 영희 부모는 아이를 주말에 과학 체험관에서 전시물을 관람하게 했다. 그리고 학교 휴업일에 NASA에 근무하는 연구원의 실제 유년시절 친구들과 로켓을 연구했던 일들을 영화로 제작한 〈악토버 스카이 October Sky〉를 보여 주었다. 그러자 아이는 그때부터 조금씩 과학에 대한 호기심을 가지고 과학책에 손이 가기 시작했다고 한다.

또 다른 방법으로는 책을 읽고 관련 활동을 하고 가족들이 책 내용의 배경이 된 곳을 여행하기도 한다. 반대로 책 내용의 배경이 된 곳을 먼저 여행하거나 영화나 연극을 관람하고 관련 책을 읽어도 좋다. 서로의 활동들이 유의미적으로 진행되면 더없이 좋은 교육이 된다.

상황에 맞는 학년별 독서전략을 세우자

이제부터는 나이와 상황에 맞는 학년별 독서전략에 대해 살펴보자. 취학 전 아동, 1~2학년 저학년기, 3~4학년 중학년기, 5~6학년 고학년기별 전략적 방법에 대해 구체적으로 설명하고 있다. 따라서 선행학습의 한 방법으로 독서전략을 미리 살펴볼 수 있을 것이다.

1

학년별 독서전략은
어떻게 해야 하나

한국교육개발원 KEDI은 몇 년 전 한 보고서에서 다음과 같은 사실을 밝혔다. 고등학교 1~2학년 중 성적이 상위 10퍼센트 이내에 들어가는 학생들의 특징을 조사했다. 그랬더니 그런 학생들은 어려서부터 독서를 무척 좋아했고 문학작품 읽기나 신문 읽기를 즐기는 것으로 나타났다. 또한 공부는 자기주도적으로 계획, 실천, 반성의 과정으로 즐기면서 했다고 한다. 이러한 한국교육개발원의 분석에서 괄목할만한 점은 '독서와 관련된 사항들이 많은 부분을 차지했다'는 사실이다.

또한 미국교육과학연구소는 2002년, 〈미국의 리더는 어떻게 만들어지는가〉라는 보고서에서 '미국 사회의 리더들은 초등학교 때 세계명

작 등 양서를 즐겨 읽는 독서광이란 공통점'이 있음을 밝혔다. 반면에 범죄자들은 거의 책을 읽지 않고 읽은 책도 소위 교육적 가치가 없는 것만을 읽은 것으로 분석했다. 그렇다면 어떻게 어릴 때부터 올바른 독서습관을 갖춘 아이로 키울 수 있을까? 아이의 연령과 시기에 맞는 적절한 독서지도법에 대해 알아보자.

ㄱ. 취학 전(5~7세)

이 시기의 아이들에게 책은 즐거운 이야기를 들려주는 도구일 뿐만 아니라 하나의 놀이 도구이며 장난감이다. 부모들은 아이가 책과 친해졌으면 하는 바람에서 무릎에 앉혀놓고 책을 읽어주고, 책을 가까이 하게끔 부단한 노력을 한다.

이 시기는 부모의 노력도 아주 중요하다. 그러나 단순히 책을 읽는 대상으로 생각한다면 이는 잘못된 생각이다. 아이들에게 책은 많은 놀이도구 중 하나일 뿐이다. 따라서 부모는 아이와 함께 책 쌓기도 하고, 책 여러 권을 펼쳐 놓고 마음에 드는 책 표지를 골라보기도 하며 책을 징검다리 삼아 밟고 이동하는 등의 놀이 활동을 하면서 책에 대한 부담감을 느끼지 않도록 하는 것이 좋다.

먼저 취학 전 아이들을 위한 독서 전략법 다섯 가지를 소개하겠다.

첫째, 읽게 하는 것 보다 들려주는 독서를 한다.

한글을 떼고 스스로 책에 대한 흥미를 느끼며 책을 읽어나가는 아이면 좋겠지만 이것은 부모의 욕심이다. 이 시기는 독서에 대한 입문기임을 인식하고 차근차근 독서력을 키우겠다는 생각으로 접근해야 한다. 즉 엄마 또는 아빠가 이야기를 들려주는 시간을 정해야 한다. 가령 '엄마, 아빠가 들려주는 동화' 라는 제목으로 인형극, 1인극 등을 통해 아이에게 스토리텔링을 해 주는 것도 좋은 방법이다. 책의 그림을 보여주면서 목소리의 억양과 악센트를 조절해 가며 생생한 표정을 더해 이야기를 들려주면 아이는 어느새 이야기 세계로 푹 빠지게 된다. 그리고 이야기 속에 등장하는 실제 물건을 보여준다면 아이는 그 물건을 통해 늘 읽었던 이야기를 기억할 수도 있다.

둘째, 책을 이용한 다양한 놀이를 통해 책 자체에 대한 관심을 불러일으키도록 해야 한다. 어린이 책은 글과 그림으로 이루어져 있다. 그러나 부모들은 글에만 집중하는 경향이 있는데 사실은 그림만으로도 다양한 활동이 가능하다.

"이 그림은 어떤 그림인 것 같아?"
"이 그림에 사람이 몇 명 있지?"
"이 그림에서 주인공은 무엇을 하고 있지?"
"우리 한 번 같이 이 그림을 스케치북에 그려 볼까?"

이와 같이 먼저 글이 아닌 주변의 것들에 관심을 가지고 차츰 책의 줄거리 내용으로 관심을 옮겨 가도록 하는 것도 좋은 방법이다.

또한 다른 활동들도 가능하다.

셋째, 전략 있는 하드웨어를 통해 즐거운 소프트웨어가 진행될 수 있다. 다시 말해 독서에 관한 환경이 갖추어져 있을 때 즐거운 책읽기가 가능하다.

기본적으로 책은 아이의 동선을 따라 놓여 있어야 한다. 아이의 공부방은 물론이고, 아이가 휴식을 취하는 거실, 화장실, 그리고 엄마가 식사준비를 할 때 대화를 나누는 부엌에도 책은 손닿을 거리에 있으면 좋다. 또 각 공간마다 배치된 책의 분야를 달리 한다면 자연스럽게 편독을 예방할 수 있다. 특히 화장실의 경우 짧게 읽을 수 있는 이솝우화 또는 명언집 등을 두면 된다.

독서에 방해가 되는 TV는 없애는 것도 좋다. 실제 독서력이 있는 아이들의 경우 집에 TV가 없는 경우가 많았다. 처음에는 무척 심심하고 무료하게 느낄 수 있으나 TV가 없으면 심심해서 책에 손이 가게 될 것이다. 그리고 곧 가족들 간의 대화도 더 잘 하게 되는 것을 발견할 수 있을 것이다. 그 다음 독서에 방해가 되는 컴퓨터는 꼭 시간을 정해 사용하도록 가정 내의 규칙을 정하도록 한다.

거실을 작은 도서관처럼 꾸미는 것은 아이들의 독서를 장려하기 위한 좋은 조건이 될 것이다. 독서실에 가면 공부가 잘 되는 것이나, PC방에 가면 게임이 더 재미있는 것처럼, 도서실에 있으면 저절로 책이

보고 싶어지고 또는 봐야 할 것 같은 생각이 들게 될 것이다.

넷째, 독서상황표, 독서게시판을 만든다.

독서는 아이들만의 과제가 아니다. 평생교육시대를 살아가고 있는 현대인들에게 독서는 선택이 아닌 필수이다. 자기계발을 위한 실용서에서부터 자신의 영혼을 위로하거나 감성을 자극하는 문학작품까지 현대인들은 독서를 통해 공급받을 수 있는 에너지가 많다.

가정 내에 독서상황표를 만들어 보는 것도 좋은 방법이다. 아빠, 엄마, 자녀가 읽은 책을 상황표에 기록하고 책에 대한 짧은 논평을 쓰면 금상첨화일 것이다. 그리고 독서토론을 진행할 경우, 가족 모두가 읽어야 할 책을 게시판에 기록해 두는 것도 중요하다. 또한 독서와 연계된 체험활동을 떠날 일정, 서점방문일, 작가와의 만남 강연회 등 가족 모두가 함께 참여할 수 있는 행사의 일정들도 정리해 둔다. 책을 매개로 가족이 대화하고, 시간을 함께 보낼 수 있을 것이다.

다섯째, 독후활동은 절대 강요하지 말자.

"이 책은 요즘 친구들 사이에서 무척 인기가 많은 책이래. 예원이도 읽어보면 무척 재미있을 거야."
"그런데, 엄마 이거 읽고 독후감 써야 돼?"

아이들이 책을 싫어하는 까닭 가운데 하나는 책을 읽으면 꼭 어떠한 결과물을 제출해야 한다는 걱정 때문이다. 물론 책 내용에 푹 빠져 즐겁게 독서를 했다면 독후활동은 자연스럽게 이어질 수 있다. 그러나 책을 이해하기조차 힘든데, 독후활동을 위해 책을 읽어야 한다면 설상 가상의 상황이 되어버린다.

독후활동은 독후감을 쓰는 것에 국한되지 않는다. 책을 읽고 부모와 책 내용에 대해 간단한 이야기를 나누는 것, 가족들이 책 내용에 대해 독서토론을 하는 것, 책의 주인공에게 편지를 써보는 것, 인상 깊었던 부분에 대해 만화나 그림 등으로 표현하는 것, 아이가 책 내용을 동생에게 들려주는 것, 책에 관한 퀴즈를 풀어보는 것 등의 모든 활동이 독후활동에 포함된다. 글로 표현하는 것은 독후활동의 일부분일 뿐이다.

> "심청이는 아빠의 눈을 뜨게 하려고 바다에 뛰어 내렸으니, 그 용기가 대단한 것 같아. 그런데 아빠는 눈을 뜰 수 있었겠지만, 사랑하는 딸과 헤어져서 무척 슬플 것 같아. 과연 심청이의 행동은 옳았을까?"

이처럼 책 내용에 근거한 발문을 아이에게 던지며 생각해 보게 하고 함께 대화하는 것도 유익한 독후활동이다. 그리고 대화를 나눈 내용을 바탕으로 간단하게 글로 정리하게 하거나 그림이나 만화 등으로 표현했다면 작품을 설명하는, 간단하게 글로 나타내는 것의 발전된 학습 형태가 될 것이다.

ㄴ. 초등학교 저학년 (1~4학년)

　초등학교 저학년 아이들은 스스로 책읽기가 가능하도록 책이 주는 즐거움을 충분히 느끼게 한다. 부모는 아이가 잠들기 전 20분 동안 책을 읽어주는 것을 습관화 하는 것이 좋다.

　세계에 큰 영향력을 끼친 마이크로소프트사의 빌게이츠, 천재 과학자 아인슈타인, 1990년대 3대 부자 록펠러, 영화계의 거장 스티븐 스필버그, 이들 모두는 유대인이다. 그런데 그들은 공통적으로 자신의 삶을 회고하며 자신을 성공으로 이끈 원동력은 '가정의 독서문화' 라고 이야기 한다. 실제로 유대인들은 매일 자녀를 위해 실천하는 것이 있는데, 그것은 바로 잠자리에서 부모가 책을 읽어주는 베갯머리 독서이다. 따라서 아무리 바빠도 아이들에게 책을 읽어주는 것은 꼭 지키도록 노력해 보자. 이런 노력은 아이 스스로 책에 손이 가고, 책을 읽어나가려는 마음을 가지도록 도와주는 것이다.

　또한 교과서와 연계된 독서를 하는 것도 효과적이다. 단순히 책을 읽는 것이 아니라 교과서에 일부분 수록된 책의 내용 전체를 찾아서 읽고, 다른 친구들에게 들려주는 것도 좋은 방법이다. 이러한 습관이 자리 잡히면, 아이는 교과서에 수록된 내용의 전후 내용에 대한 호기심을 가지고 찾아서 책을 읽게 되는 적극적인 독서를 하게 될 것이다. 특히 저학년에는 위인전기를 통해 위인들의 유년시절을 간접체험하게 하고 자신의 목표에 대해 조금씩 생각해 보고, 세계명작동화를 통해 심성계발을 기대할 수 있다.

또한 저학년 시기에는 독서한 내용을 직접 눈으로 보고, 손으로 만져보고, 코로 냄새를 맡아 보는 활동이 가미된 오감 독서를 하는 것이 효과적이다. 이처럼 독서와 관련 활동이 연관성을 가진다면 독서에 더욱 흥미를 가지게 될 것이다. 뿐만 아니라 휴일에 어디로 현장학습을 가야 할지 고민이라면, 아이가 현재 읽고 있는 책에서 답을 쉽게 찾을 수 있다.

초등학교 3~4학년은 교과서 연계도서와 우리나라 문학, 그리고 역사서를 중심으로 읽어 나가도록 한다. 그리고 책을 읽었다면 관련된 체험도 함께 하는 것이 효과적이다.

예를 들어, 이육사의 시를 읽었다면 경북 안동의 이육사 생가http://www.264.or.kr 김동리와 박목월 선생의 작품을 읽었다면 경주에 있는 동리목월 문학관http://www.dmgyeongju.com을 방문해 보는 것이다. 이효석 작가의 〈메밀꽃 필 무렵〉의 배경이 된 강원도 평창, 봉평의 이효석문학관http://www.hyoseok.org, 황순원의 〈소나기〉의 배경이 된 경기도 양평의 소나기 마을http://www.소나기마을.kr, 〈봄봄〉으로 유명한 김유정에 대해 알고 싶다면 강원도 춘천의 김유정 문학촌http://www.kimyoujeong.org을 방문해 보자.

그리고 고학년에서 배우게 될 우리나라 역사에 대해 미리 대략적인 배경 지식을 가지는 것이 좋다. 즉 우리나라 문화재, 유적지를 둘러보면서 역사에 대해 관심을 갖고 관련 책을 읽어보는 것은 4학년 때가 적합하다.

ㄷ. 초등학교 고학년 (5~6학년, 중학교 1학년)

독서를 성실히 꾸준하게 해온 학생이라면 나름의 독서스타일이 자리를 잡아 나갈 시기이다. 책을 읽는 태도, 책에 대한 생각, 좋아하는 책의 분야, 독후활동 등이 패턴화되어 있다. 이 시기에 중요한 것은 독서에 대한 흥미를 잃지 않는 것이다. 부모가 학교의 성적에 치중한 나머지 학원수업을 늘려 독서 시간을 줄이거나, 독서 대신 학교 공부를 강요하는 것은 옳지 못하다. 학교성적이 현재 최하위권, 성취 미도달 수준이 아니라면 다방면에 걸친 독서가 나중에 더 큰 힘을 발휘하게 됨을 믿기 바란다.

그러나 이 시기에도 반드시 체크할 것이 있다.

첫째, 한 방면에 치우친 편독을 해서는 안 된다. 무엇보다 이 시기는 자신이 좋아하는 분야가 뚜렷해지는 시기라 대부분 자기가 좋아하는 책에만 손이 간다. 이를 방지하기 위해 독서상황표를 만들어 어느 분량의 책을 얼마나 읽고 있는지를 스스로 한 눈에 파악하고 반성할 수 있도록 하는 것이 좋다.

둘째, 독서능력이다. 책을 많이 읽는 것 같더라도 얼마나 효율적으로 읽고 있는지 점검해 볼 필요가 있다. 따라서 독서력 테스트를 통해 읽기능력에 관한 평가를 점검하고 잘못된 습관들은 개선할 점을 찾아봐야 한다.

만약 고전에 관심을 가지는 부모와 학생이라면, 동산초등학교 송재환 선생님의 저서 《초등고전읽기 혁명》에 소개된 고전읽기 순서를 참고할 만하다. 사자소학→동몽선습, 격몽요결, 명심보감, 소학→논어, 채근담의 순서로 하루에 1~2장씩 읽기를 권한다. 그리고 인문, 철학 고전은 '준비읽기-관찰읽기-분석읽기-적용읽기'처럼 4단계로 읽으면 효과적이라고 한다.

그런데 이 시기에도 책을 좋아하지 않고, 독서시간을 고문처럼 느끼는 아이가 있다면 지금 당장 부모의 변화가 필요하다. 아이와의 회의를 통해 집에서 TV시청시간, 컴퓨터 게임시간을 최대한 줄이도록 한다. 그리고 부모는 아이 앞에서 독서하는 모습을 보이며, 한 달에 1~2회 정기적으로 도서관과 서점을 방문하도록 한다.

예를 들면 "예원이가 책을 10권 이상 읽고, 독서상황표에 기록했으니 약속한 OOO을 사주도록 할게"하면서 독서에 대한 보상을 하는 것도 방법이 될 수 있다. 이처럼 독서는 자녀가 살아가는데 있어 절대 놓쳐서는 안 되는 참 중요하고 좋은 습관이다. 따라서 어떻게 해서든 부모가 발 벗고 나서서 몸소 행동으로 보여주며 바꿔주도록 한다.

반대로, 독서능력이 아주 뛰어난 학생이라면 이제는 자신의 독서 이력을 정리하는 습관을 가지도록 한다. 자신의 블로그를 개설하고 독후활동의 자료들을 카메라로 찍어 게시하는 것도 좋다. 물론 블로그에 직접 책에 대한 느낌을 적어도 좋다. 독서토론의 장면, 독서토론한 후의 자신의 생각들도 정리해 두도록 한다. 그리고 책 한 권을 읽고, 이 책에서 말하고자 하는 핵심내용을 종이 한 장에 요약해 정리하는 원페이지 북Onepage Book을 작성하는 것도 효과적이다. 원페이지 북 작성을 위해서는 책을 읽으면서 주요 사건과 핵심내용을 파악하게 되고 이를 일목요연하게 요약할 수 있어야 한다. 원페이지북www.onepage-book.net이라는 사이트를 통해 다른 사람이 작성한 내용을 읽으며 자신의 생각과 비교해 보는 것도 유익한 활동이 될 것이다.

독서토론으로
잔소리를 대신하자

고인숙 씨의 창원대학교 석사논문
〈독서능력향상 프로그램이 초등학생의 자기주도적 학습능력 증진에
미치는 영향〉을 통해 독서의 영향력을 살펴볼 수 있다.

초등학생 4, 5, 6학년 아동을 대상으로 한 집단은 독서프로그램을 진
행하고 다른 한 집단은 실시하지 않았다. 그런데 16회에 걸쳐 프로그
램을 실시한 후 아이들의 변화를 살펴보았더니, 독서프로그램을 실시
한 아동들의 자기주도적 학습능력이 다른 집단보다 향상된 것으로 나
타났다. 즉 책임감, 학습열정, 개방성, 자아개념에서도 유의한 향상이
있었다고 한다.

유미숙 씨의 부산교육대학교 석사논문 〈독서토론 프로그램이 아동

의 공격성 변화에 미치는 효과〉에서도 독서토론을 통해 아이들이 정서적 안정감을 갖게 된다는 사실을 입증했다.

아이들을 지도하다보면 부모들은 흔히 이런저런 잔소리를 많이 하게 된다.

> "소중한 시간을 그렇게 헛되게 쓰면 되겠니?"
> "어른들께 공경하는 태도를 가지도록 해."
> "너는 국어공부만 하니? 다른 과목들도 공부를 해야지."
> "학교에서 친구들과 싸우거나 괴롭히는 일이 없도록 해."

이처럼 시시때때로 부모는 아이들에게 같은 말을 반복해서 이야기하며 잔소리를 통해 아이의 생각과 행동이 바뀌기를 부모는 간절히 바란다. 그러나 잔소리를 통해 아이들이 바뀌지는 않는다. 만약 부모의 염려스런 잔소리의 의도를 아이들이 알고 말과 행동의 변화가 뒤따른다면 자녀교육 때문에 스트레스를 받는 일도 없을 것이다.

아이들이 변하는 가장 큰 요인은 스스로 깊이 깨닫고 바뀌고자 하는 노력이다. 즉 스스로 깨달음이 있고나서야 비로소 변하게 된다. 그 요인으로는 첫째, 유명인사, 롤모델, 선생님 등 영향력이 있는 사람들의 충고와 둘째, 아이 스스로 놀랄만한 충격적인 사건, 마지막으로 책, 연극 등을 통한 감정이입을 통해 가능하다.

필자는 가끔 학부모님들로부터 다음과 같은 전화를 받는다.

부모의 여러 말 보다 교사의 말 한마디가 영향력이 있음을 느끼는 때이다. 따라서 가끔은 부모와의 상담 후에 아이의 잘못된 점을 파악한 후, 학생과 1:1 상담을 통해 조심스럽게 충고해 주며 변화를 이끌기도 한다.

그런데 행동변화의 가장 큰 무기로 독서토론도 빼놓을 수 없다. 독서토론은 독서를 기반으로 대화가 이루어진다. 책에는 탄탄한 스토리가 있다. 즉 스토리를 통해 전달하고자 하는 분명한 메시지가 있는 것이다. 예를 들어 《마시멜로 이야기》를 통해 독서토론을 한다면 행동지연능력, 절제력, 인내력, 끈기 등의 단어가 등장한다. 즉 마시멜로 실험을 이야기하면서 자연스럽게 어떻게 살아야 할지에 대한 내용이 이어지는 것이다.

결국 부모가 "꿈을 위해서 조금 참아라"라고 잔소리를 하는 것보다, 독서토론을 통해 아이 스스로 "눈앞의 마시멜로 보다 더 크고 많은 마시멜로를 위해 눈앞의 유혹을 참도록 해야 겠어요"라고 이야기 할 수 있게 하는 것이다.

결론적으로 부모가 "이렇게 해라" "저렇게 해라"라고 이야기 하는 것보다, 책에 나타나는 이야기를 가지고 스토리텔링하며 아이가 스스로 깨닫도록 하는 것이 가장 좋은 방법일 것이다.

　내성적이고 열등감에 빠져있는 아이들이 있다면《얼굴 빨개지는 아이》, 사춘기 시절 다소 폭력적이고 반항적인 모습을 보이는 아이들에게는《불량소년의 꿈》, 장애인에 대한 편견을 고쳐주고 싶다면《우리 형》, 감정표현과 감정조절능력을 키우고 싶다면《부루퉁한 스핑키》, 좋은 친구에 대해 알고 싶다면《내 친구가 마녀래요》, 시간관리, 목표관리 등에 대해 이야기 해 주고 싶다면《마시멜로 이야기》, 학교폭력과 왕따 문제에 대한 충고를 하고 싶다면《까막눈 삼디기》 등으로 독서토론을 진행하면 된다.

　부모들이 어린이 동화를 모두 읽고 상황에 맞는 책을 고르기란 쉽지 않다. 감기에 걸리면 감기약을, 머리가 아프면 두통약을 먹어야 하는 것처럼 부모도 아이들에게 지금 필요한 처방약과 같은 책을 찾고자 노력하자. 적절한 시기에 필요한 책은 아이들을 위로하고 희망을 갖게 해 줄 수 있다. 이러한 책을 찾는 방법을 몇 가지 소개한다.

　첫째, 책 속의 책을 통해 가능하다. 즉 책을 소개하는 책을 구입하는 것이다. 〈고래가 숨 쉬는 도서관 www.hollym.co.kr〉, 〈책이랑 놀자 www.bookirang.com〉, 〈줏대 있는 어린이 www.readersguide.co.kr〉, 〈책과 노는 아이들 www.bpchild.com〉 등은 대표적인 책서평 잡지이다. 소개한 잡지들은 1년에 2~4회 발간되는데 전국초등학교 도서관이나 국립도서관 등에서 쉽게 찾을 수 있고, 물론 정기구독도 가능하다.

　둘째, 출판사에서 운영 중인 블로그나 카페, 그리고 여러 어린이 책 서평 카페 등을 이용하는 것도 좋다. 이러한 곳에서는 독서교육에 대한 중요성과 필요성을 모두 공감하면서 커뮤니티가 활성화되고 있다.

또 주니어 김영사의 카페 http://cafe.naver.com/gimmyoungjr, 시공주니어 카페 http://cafe.naver.com/sigongjunior2/ , 한우리 북카페 http://cafe.naver.com/hanurimom, 책과 함께 자라는 아이들 http://cafe.naver.com/booksales 등의 커뮤니티를 활용하면 최근 출간된 도서에 대한 서평, 인기도서 등에 대한 정보를 확인할 수 있다. 또한 출판사의 서평이벤트에 참여하여 책을 무료로 받을 수 있는 기회를 얻을 수도 있다. 덧붙여 주요 대형서점 인터넷 사이트를 통해서도 책에 대한 서평을 확인할 수 있다.

이처럼 가장 좋은 독서교육은 부모가 책을 읽고 아이에게 적합한 책을 소개하거나 고를 수 있도록 도와주는 것이다. 그러나 시간적으로 여의치 않다면 책속의 책, 서평을 통해 평가가 좋은 책, 커뮤니티를 통해 소개받은 책 등을 아이에게 권하는 방법도 괜찮다.

교보문고에 가면 '사람은 책을 만들고, 책은 사람을 만든다' 라는 글귀를 볼 수 있는데 책의 영향력은 우리가 상상하는 그 이상이다. 어떠한 책을 마음 깊이 두느냐에 따라 생각과 행동이 달라질 수 있음은 물론이다.

3

설문조사로 알아본 초등학생 독서실태

필자와 함께 공부하는 6학년 아이들을 대상으로 독서토론을 1년 진행한 후 설문조사를 실시하였다. 조사대상은 초등학교 6학년 27명 남자 13명, 여자 14명으로 2012년 11월, 실시하였다.

"독서토론을 진행했던 책과 독서토론을 진행하지 않은 책은 여러분에게 어떻게 다르다고 생각합니까?"라는 질문에 아이들은 '독서토론을 진행한 책의 내용을 더 자세하게 알 수 있었다' '토론을 한 책은 내용도 나의 생각도 오래도록 기억에 잘 남지만, 토론을 하지 않은 책에 대한 기억은 가물가물하다' '토론을 할 책은 보다 꼼꼼히 읽게 되었다' '토론을 한 책은 책 내용에 대해 보다 깊게 이해를 하게 되었다' '독서토론을 진행한 책은 토론준비를 위해 두 번, 세 번 반복해서 읽고 나의 생각을 정리하는 과정에서 어휘력, 사고력 등의 향상됨을 스스로 느꼈다' '책을 읽고 이해하지 못한 부분을 토론을 통해 알게 되었다' '토론을 통해 이야기하는 과정에서 전체적인 줄거리뿐만 아니라 세세한 내용들까지도 자세하게 알 수 있었다' 등의 의견을 주었다.

"독서토론을 하면서 좋은 점은 무엇입니까?"라는 질문에는 '토론의 규칙과 토론진행방법에 대해 자세히 알게 되었다' '독서토론을 하기 전에는 주로 만화책, 잡지 등을 읽었는데 독서토론을 위해 지정된 책을 읽으면서 다른 분야의 책도 접하게 되었다' '대충 읽던 책을 꼼꼼하게 반복해서 읽게 되었다' '책에 대한 나의 생각을 다른 사람들에게 말할 수 있고, 내 의견과 다른 사람의 의견을 비교하며 반박하는 자유토론 시간이 사고력 확장에 도움이 되었다' '내가 긍정적인 생각을 하고 있는지, 부정적인 생각을 하고 있는지 나의 생각에 대해 다시 한 번 생각해 보게 되었다' '독서토론 전에는 책을 별로 읽지 않았는데 독서토론을 계기로 책을 많이 읽게 되었다' '사고력과 집중력이 좋아졌다' '다른 사람의 의견을 듣고 나의 생각과 비교해 볼 수 있어 좋았다' '발표할 기회가 많이 있어서 좋았다' 등의 답변을 했다.

"독서토론을 하면서 어려웠던 점은 무엇입니까?"라는 질문에는 '토론을 위해 워크시트를 작성하는 것, 내 주장을 내세우고 싶은데, 어떠한 방법으로 내세워야 할지 몰라서, 상대방 의견에 대해 논리적으로 반박하는 것이 힘들었다'는 대답이 있었고, '나의 의견을 또박또박 명료하게, 자신 있게 발표하는 것이 힘들었다는 점'과 '적절한 예, 나의 경험을 찾아 이야기 하는 것이 힘들었다'는 의견도 있었다.

"독서토론을 하게 되면서 나의 습관 가운데 달라진 점은 무엇입니까?"라는 질문에는 '책을 두 번 읽으면서 여러 관점에서 책에 대해 생각하게 되고 자세하게 읽게 되었다.' '책의 내용만을 따라가기 보다, 한 걸음 물러나 생각하는 시간이 늘었다' '책을 보다 꼼꼼하고 자세히 읽게 되었다' '늘 한 번만 읽고 넘기던 책을 다시 한 번 읽고 생각하게 되었다' '책을 보다 집중해서 정독하게 되었다' '단순한 재미 위주의 독서에서 생각하는 독서로 바뀌었다' '책을 읽다가 이해가 가지 않는 부분은 질문을 하거나 검색을 통해 알고 넘어가게 되었다' '책과 좀 더 친해졌고, 더 많이 읽게 되었다' 등의 답변을 했다.

"독서토론을 가정에서 엄마, 아빠와 함께 하고 싶습니까? 만약 그렇다면 왜 그렇게 생각합니까?"라는 질문에는 "하고 싶다"고 대답한 아이들의 경우 '독서토론을 하게 되면 가족 간의 대화가 자연스럽게 늘어날 것 같고 가족과 함께 하는 시간이 더 많아질 것이기 때문이다' '책에 대해 모든 사람이 생각하는 것이 다르기 때문에 여러 방향에서 생각해 볼 수 있는 기회가 될 것 같다' '엄마, 아빠의 토론실력도 늘고 재미있을 것 같다' '친구들과의 토론과 달리 어른들의 생각을 들을 수 있는 기회가 되기 때문에' 등의 답변을 했다.

"하고 싶지 않다"고 말한 경우에는 '하고 싶은 마음은 있지만 엄마,

아빠가 직장일로 늦게 들어오기 때문에 엄마, 아빠가 책만 읽으면 주무시기 때문에', '엄마, 아빠랑 하면 재미가 없을 것 같다', '가족 개개인이 각자의 일로 바빠서 시간이 없고, 준비를 부족하게 해 와서, 진행된 토론은 안하는 게 낫다고 생각하기 때문' 등의 답변이 있었다.

그밖에 "나는 독서토론을 진행하면서 책 읽는 것이 재미있어졌다"라는 질문에 "그렇다"라고 대답한 아이들이 81.4퍼센트였고, '선생님이 도덕시간에 이렇게 해야 한다, 저렇게 해야 된다라고 이야기 하는 것보다 우리가 책을 읽고 독서 토론을 하면서 직접 느끼고 이야기하는 것이 더 학습효과가 높다고 생각한다' 에 "그렇다"라고 답변한 아이들은 무려 92.5퍼센트였다. '독서토론이 학교와 가정에서 정기적으로 이루어져야 한다고 생각한다' 라는 질문에는 "그렇다"고 답한 경우가 85.1퍼센트였다.

마지막으로 정리를 해본다면 독서토론은 다음과 같은 장점이 있다. 책에 내용을 이해하는 데만 그쳤던 이전의 독서에서 벗어나 독서토론을 통해 책 내용에 대해 다시 한 번 깊이 생각해 볼 수 있는 기회가 되고 또한 책을 오래도록 기억할 수 있게 된다. 더불어 독서토론을 진행하면서, 작가의 스토리를 따라가는데 급급한 독서가 아닌, 행간을 읽어 내려가고 자신의 생각에 집중하게 되는 계기가 된다.

아이들은 부모와의 독서토론을 원하고 있다. 독서토론을 위해 부모가 조금만 관심을 가지고 노력을 기울인다면, 아이들과의 소통, 독서법 나아가 공부하는 방법 등 일석 삼조 이상의 효과를 기대할 수 있다.

또한 서울, 경기, 인천지역 초등학생 5~6학년 212명 남자 108명, 여자 104명을 대상으로 2012년 11월, 설문조사한 내용을 종합해 보면 다음과 같다. 초등학생들의 경우 책은 자신이 직접 고르는 편이고, 일주일에 평균 1~2권 정도의 책을 읽고 있다. 책을 보는 주된 목적은 독서 자체가 즐거워서 읽고, 부모님과 서점이나 도서관에 한 달에 한두 번 방문하고 있다. 아이들은 책보다는 TV가 좋고, 한 번 읽은 책도 다시 한 번 읽어보는데, 좋아하는 영역의 책을 주로 읽는다고 했다.

독서는 학교 공부에 비교적 도움이 되고, 독서토론을 해 본 경험은 거의 없지만, 독서토론에 대한 긍정적인 생각을 가지고 있었다. 부모님은 독서를 즐기지 않는데 이는 '직장일로 바쁘기 때문'이라고 아이들은 답했다. 아이들이 독서를 못하게 되는 가장 큰 원인은 학교 숙제, 학원, 과외수업 때문이었고, 선생님과 부모님께 부탁하고 싶은 것은 독서할 수 있는 시간과 다양한 책을 제공해 줄 것을 바라고 있었다.

아이들이 책을 좋아하지 않는 것이 아니라, 실제로 책을 읽을 시간이 없어서 점점 책과 멀어지고 있는 것이다. 시험공부가 단기투자라 한다면, 독서는 장기투자이다. 물론 우선순위에 맞게 전략적인 공부가 필요하다. 그러나 평소 과도하게 시험점수에만 집중하여 아이가 스스로 공부하고 독서할 수 있는 시간이 없다는 것은 문제가 있다.

독서토론의 종류와 방법을 알아보자

지금부터는 구체적인 독서토론의 종류와 방법을 살펴본다. 가장 일반적인 형태인 찬반 양립 토론, 피라미드 토론법, 토론 6단 논법, 천사와 악마 토론게임, PMI토론, NIE토의·토론교육, 프로젝트 학습 등 다양한 토론법에 대한 진행 방법을 알 수 있다.

책 읽는 아이
토론하는
우리집

1

독서토론,
어떻게 하면 좋을까?

교육기업인 비상교육이 학부모 교육정보 커뮤니티 맘앤톡 회원 196명을 대상으로 한 초등자녀 독서지도 실태조사에 의하면, 설문참여자 92.3퍼센트181명 가 가정에서 독서지도가 필요하다고 답했다.

그리고 가정에서 가장 선호하는 독서지도의 형태로는 '자녀와 책 내용에 대한 토론'이 32.7퍼센트64명, '독서기록장 쓰기'가 30.660명 퍼센트를 차지했다. 이렇듯 자녀를 키우는 부모라면 독서토론의 효과와 중요성을 알고 독서지도를 하고자 한다.

그렇다면 독서토론을 구체적으로 어떻게 해야 하는지에 대해 알아보도록 하자.

　토론하면 가장 먼저 떠올리는 것이 찬반토론이다. 찬성 측과 반대 측으로 나뉘어져 자신의 주장을 합당한 근거와 함께 제시하는 형태이다. 그렇다면 독서토론의 찬반 양립 토론의 일반적인 순서와 방법에 대해 정리해 보자.

❶ 책 소개(저자소개, 책의 전반적인 줄거리 요약 발표).

❷ 책 내용 이해 확인을 위한 사회자의 간단한 퀴즈.

❸ 토론의 논제 발표(사회자의 논제에 대한 설명과 참여자의 정확한 이해).

❹ 찬성/반대 진영을 나누고 입론 발표를 위한 작전 타임 10분(각 팀별로 사전에 작성한 토론 활동지를 순서를 정해 돌리며 읽는다. 이때 우리의 입장을 잘 표현한 주장의 글 또는 타당한 근거에는 별표★표시를 한다. 그리고 최종적으로 별표 표시가 많이 된 의견을 입론 의견으로 정한다).

❺ 입론 발표(각 팀별로 자신의 진영을 옹호하는 입론발표-약 5~6명, 이때 참여자들은 상대 진영의 입론 발표를 메모하며 경청하도록 한다).

❻ 2차 작전타임 10분(상대 진영의 입론을 듣고 메모한 것을 바탕으로 반론할 내용을 정리하도록 한다. 이때 서로 이야기하며 반론 내용을 정리할 수도 있고, 참여자가 많은 경우 토론 노트에 작성한 후 순서를 정해 돌리며 별표 표시를 통해 좋은 의견을 찾을 수 있다).

❼ 1차 반론(상대 진영 주장의 허점, 논리적으로 맞지 않는 부분 또는 상대 진영의 주장에 대한 질문 등을 하는 시간이다. 즉 1명이 반론 의견을 제시한 후

자유롭게 이 의견에 대해 자유토론을 갖도록 한다. 1명의 반론 의견 제시에서 부터 자유토론까지 제한 시간은 3분으로 정한다. 그리고 1차 반론은 전체 15~20분 내외로 정한다).

❽ 3차 작전 타임 5분(1차 반론 후, 상대 진영 논리의 허점과 추가 질문 등에 대해 정리하는 시간이다. 가능한 어떠한 논리나 주장을 펼 때 예를 들어 설명 하도록 한다).

❾ 2차 반론(1차 반론 때와 마찬가지로 한 명이 반론의견을 낸 후 자유토론을 하는 형식이다. 1명의 반론 의견과 이어지는 자유토론의 시간은 3분을 넘지 않도록 하고 2차 반론 전체 시간은 15~20분을 넘지 않도록 한다).

❿ 토론을 통해 느낀 점을 공유하고 칭찬하기, 평론 팀에서는 평론 준비하기(평론 팀에서 평론을 준비할 동안 토론 참가자들은 토론을 하면서 느낀 점 그리고 토론에 적극적으로 참여한 사람, 논리적인 의견을 낸 사람을 서로 칭찬하는 시간을 갖도록 한다).

⓫ 평론(평론하는 학생은 찬성과 반대 팀으로 나누어 평론하고 각 팀별로 잘한 점과 아쉬웠던 점으로 나누어 각각을 구체적으로 상세히 평론하도록 한다. 그 리고 토론은 서로 생각의 차이를 확인하고 함께 더 나은 방향을 찾아보자는데 있으므로 반드시 토론의 승패를 정할 필요는 없다).

⓬ 토의(토론 내용을 바탕으로 함께 해결 방안을 찾아볼 수 있는 주제를 두고 아 이디어를 공유해 보는 시간이다. 이 또한 사전에 토론 활동지를 통해 미리 작 성되었던 것을 발표하는 것이다).

⓭ 사회자의 마무리 멘트(토론과 토의 내용을 정리하여 사회자가 발표하며 마무리 한다).

ㄴ. 피라미드 토론법

피라미드 토론은 토의 주제에 따른 여러 가지 아이디어와 생각 중에서 여러 사람이 공감하고 동의하는 의견들을 찾아나가는 토론방법이다. 예를 들어,《이 고쳐 선생과 이빨투성이 괴물》에서 이 고쳐 선생이 단점인 거절못하는 성격을 고치기 위한 방법, 즉 효과적으로 거절하는 방법에 대해 토의를 한다고 하자.

먼저 각자의 아이디어를 종이에 두 가지씩 적는다. 그리고 옆 사람의 생각 두 가지, 그리고 나의 생각 두 가지 총 네 가지 중에서 서로 1:1 토론을 하면서 두 가지 방법을 정한다. 그리고 2:2 토론으로 이어진다. 다른 2명의 친구가 정한 두 가지 방법과 우리가 정한 두 가지 방법 가운데 공감하는 의견 두 가지를 정해 나가는 방법이다.

정리하면 1:1 토론에서 2:2 토론 그리고 4:4 토론까지 확대해 가면서 8명이 함께 공감한 두 가지의 의견을 찾아가는 것이다.

> **Tip**
>
> ∨ 1:1, 2:2, 4:4 토론시 학생들이 각자 의견 또는 채택된 의견을 발표하고 모든 발표가 끝난 후, 거수로 좋은 의견을 선택하도록 한다.
>
> ∨ 많이 소란스러운 장소라면, 종이를 정해진 순서로 돌려가며 읽으면서 공감가는 글에 별표★ 표시를 하고 많은 별표가 표시된 글을 채택하는 것도 좋은 방법이다.

이는 가정에서도 충분히 진행이 가능하다. 4인 가족을 기준으로 할 때, 엄마와 첫째 아이, 아빠와 둘째 아이가 각각 1:1 토론을 하고, 이후 모든 가족이 2:2 토론을 하면서 토의에 대한 최종 결론을 내릴 수 있다. 가족이 여행 장소를 정할 때, 가정 내에 특별한 규칙을 정할 때, 혹은 외식 장소를 정할 때에도 나름의 논리를 가지고 상대방을 설득할 수 있는 기회가 될 것이다.

ㄷ. 토론 6단 논법

포항공과대학교Postech 김병원 교수의 《생각의 충돌》로 우리나라에 널리 소개된 토론 6단 논법은 영국의 언어학자 톨만Toulmin 박사가 정립한 이론이며 미국과 비롯한 유럽 등 선진국에서 토론, 논술 프로그램에서 널리 이용되고 있다. 토론 6단 논법은 안건, 결론, 이유, 설명, 반론꺾기, 정리 등 총 6단계로 구성되어 있다.

첫 번째 단계, 안건은 어떤 상황이 일어난 상태를 말한다. 쉽게 이야기 하면, 토론의 논제이며 주제이다. 즉 찬성과 반대로 나뉠 수 있는 의견이라면 안건으로 적합하다. 예를 들어, '교복을 입어야 하나? 입지 말아야 하나?' 와 같이 입장이 나뉘어져 토론이 가능한 주제를 정하는 것이다.

두 번째 단계, 결론으로 토론 주제에 대한 참여자의 입장을 정하는 것이다. 예컨대, '교복을 입어야 하나? 입지 말아야 하나?' 라는 안건이라면 토론 참여자는 '입어야 한다' 또는 '입지 말아야 한다' 라고 명확하게 자신의 주장을 결정하는 것이다.

세 번째 단계, 이유이다. 안건에 대한 자신의 입장을 확고히 정했다면 왜 그렇게 생각하는지에 대한 근거를 제시하는 단계이다. 이유를 제시할 때는 반드시 안건에 부합된 의견을 제시하며 자신이 내린 결론을 보다 타당하게 할 수 있는 이유를 나타내야 한다. 예를 들어, "교복을 입으면 학생 개개인의 개성표현의 자유에 침해된다"가 적당한 이유라고 할 수 있다.

네 번째 단계, 설명이다. 즉 이유에 대해 보다 자세하고 구체적으로 이야기 하며 왜 그렇게 생각했는지에 대해 설명하는 단계이다. 예를 들면 다음과 같다.

"교복을 입으면 모두가 다 동일한 옷을 입음으로써 자신을 표현할 수 있는 기회가 사라지게 됩니다. 또한 옷을 통해 기분 전환도 가능하며, 신체 변화에 따라 교복을 입지 못해 다시 맞춰야 하는 불편함도 줄일 수 있습니다."

다섯 번째, 반론 꺾기이다. 예상되는 반대 측의 의견과 반론을 미리 예상하여 적절한 의견을 준비하는 것이다. 예를 들어 "사복을 입으면 학생신분을 잊은 채 흐트러진 행동을 할 수 있습니다"라는 반론이 예상되면 참여자는 "반드시 교복을 입었다고 해서, 학생들의 비행 학생폭력이 줄어드는 것은 아닙니다. 사복을 입어도 우리는 누구나 학생임을 알 수 있습니다. 중요한 것은 학생 개개인의 올바른 생각이지, 옷 때문이 아닙니다"라고 답변한다.

마지막으로 정리단계이다.

자신의 주장과 반대 측의 주장을 종합하여 최종적으로 정리하는 단계이다. 동전의 양면처럼 자신의 주장에서의 허점, 반대 측에서의 좋은 점을 모두 인정하고 수용하며 생각을 정리한다.

예를 들어 "교복을 입음으로써 일체감, 소속감을 느낄 수 있습니다. 그러나 학생들로 하여금 표현의 자유를 억압하기도 합니다. 우리는 교복 물려주기 운동을 통해 경제적 부담을 줄이고, 일주일에 한 번 사복 입는 날을 정해 학생의 개성을 표현할 수 있는 기회도 제공하는 것이 중요합니다"라고 정리한다.

토론 6단 논법은 토론에 참여하기 전, 토론 활동지에 주로 활용할 수 있다. 토론의 주제가 정해지면, 자신의 입장을 정하고 타당한 근거와 예상되는 반론 등을 일목요연하게 정리할 때 유용한 형식이다. 따라서 모든 토론에 있어 기본이 되는 형식이므로 반드시 기억하고 활용하도록 해야 할 것이다.

ㄹ. 천사와 악마 토론게임

천사와 악마는 대표적인 토론진행 게임이다. 토론은 찬성팀, 반대팀, 평론 및 판결팀인 세 개 팀으로 나뉘어져 진행 된다. 찬반 양립 토론과 진행방법은 동일하다. 토론의 승패가 정확히 나뉘는데 이를 평론 및 판결팀에서 맡는다. 다시 말해, 평론 및 판결팀은 중립의견을 유지하다가 토론을 통해 찬성측 또는 반대측으로 입장을 바꾸게 된다. 논리적으로 타당한 의견과 근거를 제시하는 입장쪽으로 설득이 되는 것이다. 평론 및 판결 팀의 인원이 5명인데, 찬성 측으로 3명 이상이 토론 후 입장을 바꾸었다면 찬성 측의 승리로 토론이 마무리되는 것이다. 평론 및 판결 팀은 찬성 또는 반대로 입장을 정하면서 '왜 그러한 입장을 가지게 되었는지'에 대한 충분한 근거도 이야기 하고, 전체적인 토론에 대한 느낌, 그리고 찬성 측과 반대 측의 토론상의 장점과 단점에 대한 평론을 하는 것이 중요한 역할이다.

천사와 악마 토론게임을 진행하기 위해서는 찬성 측 1명, 반대 측 1명, 평론 및 판결 1명 최소 3명이 필요하다. 사회자 1명이 있다면 더욱 매끄러운 진행이 가능할 것이다. 따라서 자녀가 있는 가정에서도 얼마든지 토론이 가능하다. 6단 논법을 통해 토론 논제에 대한 입장을 정리한 후, 토론게임을 진행한다. 진행순서는 다음과 같다.

1. 사회자의 토론 논제 안내

2. 사회자의 토론의 규칙 설명

3. 찬성/반대 입론 발표하기

4. 토론준비를 위한 1차 작전타임

5. 토론진행하기

6. 심화토론을 위한 2차 작전타임

7. 토론진행하기

8. 평론 팀의 판결 및 평론

9. 해결방안 함께 토의하기

10. 서로 상대편의 잘한 점 칭찬하기

ㅁ. PMI 토론

PMI 토론은 토론논제를 놓고 장점 Plus, 단점 Minus, 대안점 Interest을 찾는 토론 방식을 말한다. 예를 들어 '초등학생의 휴대폰 사용 바람직한가?' 라는 주제를 두고 PMI 토론을 진행한다고 하자. PMI 토론은 참가 인원이 2명만 되어도 진행이 가능한 토론이다(소그룹으로 진행할 경우 5명에서 6명이 적당함).

논제 : 초등학생 휴대폰 사용 바람직한가	
장점 Plus	단점 Minus
대안점 Interest	

먼저, 토론 참여자들은 자신의 생각과 조사한 자료를 바탕으로 토론 활동지를 사전에 작성한다.

이어서 사회자를 정하고 나머지 토론 참가자는 자신이 기록한 장점 Plus 부분을 순서를 정해 발표하도록 한다. 발표 형식은 "저는 OOO의 장점은 첫째, ~라고 생각합니다. 왜냐하면~이기 때문입니다. 그리고 둘째…"와 같이 한다.

논제의 장점 Plus 부분에 대한 발표가 끝나면 단점 Minus 부분에 대해 발표한다. 발표 형식은 "저는 ○○○의 단점은 첫째, ~라고 생각합니다. 왜냐하면 ~이기 때문입니다. 그리고 둘째…"와 같이 한다.

참여자들의 장점과 단점에 대한 발표가 끝나면 다음으로 대안점 Interest 부분으로 넘어간다. 즉 논제의 문제해결 방법, 대안, 해결책을 함께 찾아보는 것이다. 장점과 단점의 발표를 토대로 흥미로운 점을 발견하고 서로 공감할 수 있는 문제 해결의 아이디어를 제시하는 시간이다. 따라서 대안점 Interest 부분은 토론의 진행과정 중에 작성하는 것이다.

학생들의 대안점 Interest 부분 작성 후, 앞서 동일한 방법으로 순서를 정해 발표한다. 모든 학생들의 발표가 끝난 후, 참여자들에게 많은 공감을 얻은 아이디어 두 가지를 선정하고 공개적으로 발표하도록 한다.

마지막으로, 토론을 마무리할 때는 토론을 진행하면서 느낀 점, 소감, 토론에 적극적으로 참여한 학생에 대한 칭찬으로 토론 일정을 마친다. 덧붙여, 한걸음 나아가 토론내용을 바탕으로 자신의 생각을 정리하는 논설문을 써보는 것도 좋은 방법이다. PMI 토론의 순서는 다음과 같다.

1. 토론 활동지 작성

2. 논제의 장점 Plus 발표

3. 논제의 단점 Minus 발표

3. 장·단점 발표내용을 바탕으로 해결, 대안점 Interest 작성

4. 논제의 해결방안 발표

5. 각 모둠별 대표적인 두 가지 해결방법 선정 및 공개발표

6. 느낀 점, 소감, 칭찬 등으로 토론 마무리

7. 논설문 작성

PMI 토론은 신문을 활용한 교육Newspaper In Education과 연계하여 토론이 가능하다. 신문의 사설이나 쟁점이 될 수 있는 기사를 스크랩하고 이를 바탕으로 다음과 같은 주제로 PMI 토론을 진행하는 것이다.

"교복을 입는 것이 바람직한가?"

"학원수업은 학생들의 학업능력에 도움이 되는가?"

"시험준비 과정에서 부모의 지도는 효과적인가?"

일반적인 찬반 양립 토론의 주제는 모두 PMI 토론의 형식으로도 진행이 가능하다. 가령, 교복을 입는 것의 장점과 단점 그리고 대안점을 함께 생각해 보는 것이다.

또한 독서토론도 적용할 수 있다.

"심청이가 아버지의 눈을 뜨게 하기 위해 바다에 뛰어드는 것이 과연 바람직한가?"와 같이 어떤 행동에 대한 장점과 단점 그리고 대안을 찾아보는 토론을 진행하는데도 PMI 토론은 유용한 토론기법이 된다.

ㅂ. NIE 토의·토론교육

미국 케네디가의 아침식사에서 가족들 간의 대화 소재는 〈뉴욕타임스〉라고 한다. 존 에프 케네디, 로버트 케네디, 에드워드 케네디 삼형

제는 〈뉴욕타임스〉를 읽지 않고는 식탁에 앉을 수 없었다고 한다. 왜냐하면 식탁에서 아버지로부터 주요 사회 이슈에 대한 질문과 형제들 간의 뜨거운 감자가 되는 주제에 대한 열띤 토론에 참가하기 위해서는 반드시 신문을 읽어야만 했기 때문이다. 결국 존 에프 케네디를 미국의 35대 대통령으로 만든 밑거름에는 바로 매일 신문을 읽고 토론하며 자신의 생각을 키워나갔던 것이 있었다.

NIE News In Education는 신문을 활용한 교육을 말한다. 신문은 가장 최근의 뉴스, 현재 진행 중인 일들을 알려주는 좋은 자료이다. 따라서 신문기사 가운데 학생들의 수준에 적합한 내용을 스크랩한 후, 토론 논제를 찾아 이를 활용할 수 있다.

NIE 토의·토론을 위해 먼저 교사와 부모는 적절한 기사를 찾아 스크랩하고 내용을 철저히 분석한다. 이후 토론의 논제를 찾고 토론 일시를 공지한다. 토론에 참여하기 위해서는 해당 기사는 물론이고 관련 기사, 관련 자료들을 찾아 다양한 배경지식과 자신의 주장을 뒷받침할 근거들을 확보하는 작업을 하도록 한다.

예를 들어, '전국적으로 실시되는 초등학교 6학년 학업성취도 평가 어떻게 볼 것인가?' '초등학생의 휴대폰 보급률이 70퍼센트 넘어서' 등에 관한 기사를 놓고 기사의 성격을 고려하여 적합한 토론의 형식 즉 찬반 토론, PMI 토론 게임, 천사와 악마 토론게임, 피라미드 토론 등을 진행한다.

ᄉ. 프로젝트 학습

'북유럽 국가의 복지' '조선시대의 생활상' '설악산의 식생'에 관한 주제가 주어진다면 학생들은 관련 주제에 대한 자료를 찾고, 자료를 정리하며 자신의 생각을 더하면서 보고서를 만들고 관련 토론을 할 수 있다. 이러한 수업을 우리는 프로젝트 학습Project Learning이라고 한다. 프로젝트 학습은 하나의 특정 주제에 대해 다양한 소주제를 정하고 관련내용을 조사·연구하는 학습법이다.

이러한 학습법은 기존의 교사나 부모가 아이에게 정리된 지식들을 일방적으로 알려주는 주입식 교육과는 달리, 학생이 주제에 대해 탐구하고 스스로 자료조사 방법과 계획을 세워 연구하는 것으로 자기주도 학습에 효과적이다.

프로젝트 학습은 일반적으로 학기 중에 진행할 경우, 한 달에 한 가지의 주제를 그리고 방학 때는 2주에 한 가지의 주제를 정해 실시한다. 예를 들어 이번 달의 주제가 '친환경에너지'라고 하자. 가족들이 함께 할 경우, 먼저 가족들끼리 브레인스토밍Brainstorming을 한다. 브레인스토밍이란 자유롭게 생각과 아이디어를 발표하는 방식이다. 브레인스토밍을 진행할 때는 발표되는 아이디어를 일반적인 형태든, 마인드맵의 형태로든 기록한다. 아이디어의 수는 많을수록 좋으며, 발표 중에는 자유롭고 허용적인 분위기에서 진행하는 것이 좋다. 이때 비판은 절대 금지이며 시간은 10~20분을 정해 진행한다.

브레인스토밍은 회의와 협의과정을 걸쳐 서로가 맡을 주제를 결정한다. 예를 들어, 아버지는 친환경에너지 가운데 풍력에너지, 첫째 아이는 태양열에너지, 둘째 아이는 조력에너지, 엄마는 수소에너지에 대해 조사하기 등이다. 이후 관련 도서와 신문, 책 등을 활용해 관련 자료를 조사한다. 또한 주말을 이용해 주제와 관련된 현장조사를 가족이 함께 할 수도 있다. 그 후 인터뷰, 현장학습, 자료조사와 자신의 생각을 더해 발표 자료를 준비하고 가족들이 정한 날짜에 발표하는 것이다. 발표 후에는 서로가 발표한 자료에 대해 질문하고, 우수한 점, 아쉬운 점 등에 대해 이야기 하면 된다.

ㅇ. 수학논리토론

이전의 수학학습에서는 많은 문제를 반복적으로 풀어보고, 여러 가지 공식을 암기하고 있으면 고득점을 얻을 수 있었다. 그러나 수학선진화 방안이 발표되면서 수학공부의 방향전환이 필요하다. 물론 기존의 방법을 외면하는 것은 옳지 않다. 문제를 많이 풀고 연습하는 것만으로도 수학적 능력을 키울 수는 있다. 그러나 변별력을 두기 위해 출제되는 창의력 수학문제를 풀기 위해서는 새로운 접근법이 필요하다는 것이다.

수학선진화 방안의 핵심은 실생활과 관계된 수학적 사고력을 가지는 것이다. 이에 발맞추어 앞으로의 수학교과서는 스토리텔링형 교과서가 될 확률이 높다. 즉 이야기로 문제 상황을 만들고 이를 수학 원리를 활용해 탐구하며 문제를 해결해 나가는데 주안점을 둘 것이다. 또한 수학교육에 있어 중요한 사항 중의 하나가 수학적 의사소통 능력이다. 학습자가 실생활에서 수학적 문제를 발견하며 이를 수학적 기호와 식으로 표현하고 이를 해결하는 것은 물론, 자신의 언어로 표현할 수 있는 능력을 말하는 것이다.

실생활과 관련한 수학적 사고력과 수학적 의사소통 능력을 위한 필수적인 활동이 바로 '수학논리토론'이다. 이 수학논리토론의 진행에는 두 가지 방법이 있다.

첫째, 다양한 수학해법 찾기이다.

집에서는 엄마와 첫째 딸, 아빠와 둘째 딸과 같이 2명이 한 팀이 되어 진행하고, 교실에서는 4~5명이 한 팀을 이루어 진행하면 된다. 먼저 선생님이 실생활과 관련한 문장제 문제를 제시한다. 그러면 팀원들은 제한된 시간 안에 이 문제를 해결하기 위한 다양한 해법을 최대한 많이 연구한다. 또한 각자 문제를 풀고, 다른 방법들을 찾기 위해 서로 토론한다. 그리고 최종적으로 모든 팀이 풀이 방법을 찾으면 추첨을 통해 한 팀씩 자기 팀에서 찾은 풀이 방법을 소개한다. 그리고 다음 팀이 나와서 이전에 설명하지 않은 방법들을 또 소개한다. 이러한 방법을 통해 가장 많은 풀이 방법을 제시한 팀이 최종 우승을 하게 된다.

진행에 있어 중요한 것은 다음과 같다. 첫째, 해법을 발표할 친구가 누구인지도 추첨하는 것이다. 따라서 자기 팀에서 발견한 풀이 방법은 모든 팀원이 전부 이해하고 있어야 한다. 왜냐하면 방법을 찾은 후에는 이해를 하지 못한 친구에게 반드시 설명을 해 주어야 하기 때문이다.

둘째, 출제자는 한 문제에 가능한 많은 접근법이 있는 문제로 선정해 놓는 것이 좋다.

가정에서는 수학경시대회 문제 또는 문장제 문제집, 올림피아드 문제집 등을 두고, 문제번호를 적은 쪽지를 추첨함에 넣고 1명이 추첨을 해서 당첨된 문제를 놓고 경쟁을 펼치면 된다.

실생활과 관련한 NIE 수리 문제, 문장제 문제, 창의력 문제들에 대한 자료는 대한민국 상위 1퍼센트 교육정보 커뮤니티 cafe.naver.com/mathall 또는 CMS블로그 http://www.cmsblog.kr 등을 참고할 수 있다.

셋째, 수학문제를 직접 출제하는 것이다. 직접 문제를 출제하는 것은 문제와 관련한 수학의 원리 이해는 물론이고 생각 위의 생각 즉 메타인지능력 Metacognition을 키우는데 좋은 방법이다. 따라서 팀원들과 제한된 시간 내에 수학 한 문제를 출제한다. 문제 출제가 끝나면 팀끼리 문제를 바꾸고 다른 팀에서 출제한 문제를 제한시간에 풀이한다. 그런데 단순한 문제풀이에 그치는 것이 아니라, 이 문제에 대한 오류, 여러 가지 풀이 방법, 문제에 있어 잘된 점과 부족한 점들을 분석한다. 각 팀별로 분석이 끝나면, 한 팀씩 나와 자기 팀이 출제한 문제에 대해 발표하고 풀이 방법을 제시한다. 그러면 다른 팀은 질문과 피드백, 다른 풀이 방법, 오류 등에 대해 이야기 하는 것이다.

예전처럼 교사와 부모가 주도적으로 수학문제에 대한 해법을 풀어주면 시간의 효율성을 높일 수 있다. 그러나 아이들은 스스로 문제를 해결할 수 있는 힘을 기를 수 없다. 또한 관련문제와 다른 상황에 문제를 두고 같은 수학적 원리를 적용할 수 있는지는 의문이다. 수학의 성취동기를 높이고, 다양한 수학적 상황에서 올바른 해법을 찾아 해결할 수 있는 탐구력을 기르기 위해서는 하나의 문제를 두고, 끝까지 파고들어 스스로 문제를 푸는 것이 중요하다. 그리고 다른 사람의 풀이 방법을 듣고 잘못된 것은 없는지 생각해 보고, 자신의 해법과 비교해 보는 수학논리토론 시간을 통해 수학의 매력을 느낌과 동시에 수학 자체의 즐거움, 배움에 대한 흥미를 높일 것이다.

ㅈ. 과학탐구토론

최근 우리나라 교육의 화두는 '융합형 인재양성'이다. 융합형 인재란 한 분야의 학문에 국한된 지식을 갖춘 전문가Specialist에서 나아가 여러 분야에 두루 지식을 가지고 이를 통합적으로 활용하여 창의적이고, 혁신적으로 일을 할 수 있는 인재를 말한다. 예를 들어, 스티브잡스가 대표적이다. 그는 IT전문가이면서도 인문학과 디자인에도 관심이 많아 기술과 예술을 잘 조합해 혁신적인 아이디어를 낸 융합형 인재의 모델이라 할 수 있다.

이러한 인재를 양성하기 위해 교육과학기술부에서는 앞서 말했듯 스팀교육을 제시하고 있다. 스팀교육은 STEAM, 과학Science, 기술 Tech-nology, 공학Engineering, 예술Arts, 수학Mathematics-을 지칭한다.

과학탐구토론은 우리 주변에서 과학적으로 탐구 가치가 있는 자연환경이나 과학문화 관련 전통 유적지, 역사유물, 현대 과학기술 등에서 탐구 문제를 발견하고 과학원리, 예술성, 실용성 등을 창의적으로 문제를 해결하며 토론하는 것이다. 과학탐구토론을 통해 과학적 현상과 과학관련 역사유물에 대해 보다 탐구적이고 분석적 시각과 더불어 탐구력과 예술적 안목까지 기를 수 있다. 이처럼, 과학탐구토론은 스팀교육의 핵심이 되는 교육방법이다.

과학탐구토론에서 한 개 팀은 3명에서 5명으로 구성되며 최소한 세 팀이 참가해야 한다. 만약 가정에서 과학탐구토론을 한다면 아이들이 과학탐구 주제를 정하고 발표하는 형식의 과학탐구 발표가 적당할 것이다. 과학탐구 발표는 과학적 문제를 탐구 분석하고 사람들에게 발표하는 형식이다. 하지만 탐구토론은 한 단계 나아가 질의응답 시간이 있고, 주제와 관련한 토론을 한다는 점이 다르다.

과학탐구토론의 순서는 다음과 같다.

1. A팀의 발표
2. B팀의 질의응답 및 반론준비
3. B팀의 질의응답 및 반론 + A팀의 답변 A, B 팀간의 논쟁
4. C팀의 평론 준비 A, B팀 각 팀의 잘한 점, 개선점
5. C팀의 평론
6. A팀의 최종 논평

학교 \ 단계	1단계	2단계	3단계	4단계
A팀	발표	참관	평론	반론
B팀	반론	발표	참관	평론
C팀	평론	반론	발표	참관
D팀	참관	평론	반론	발표

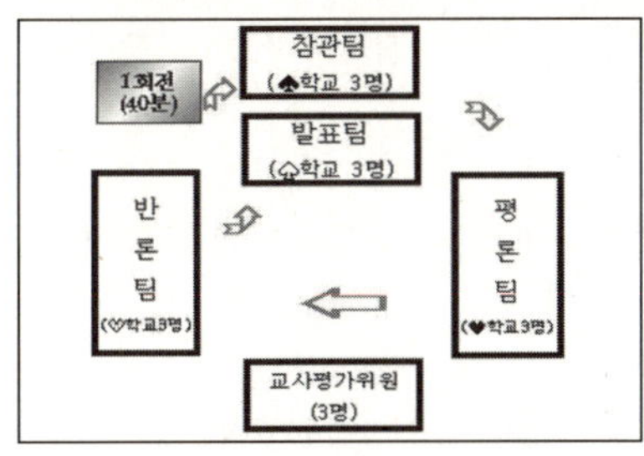

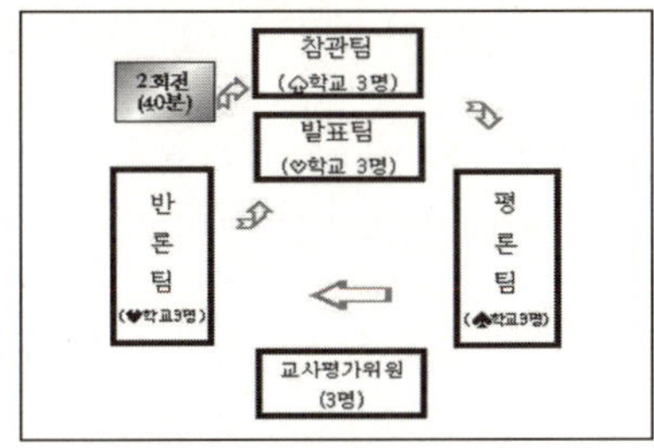

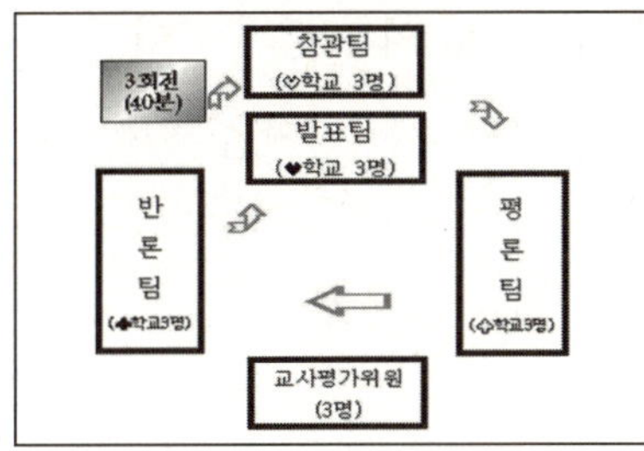

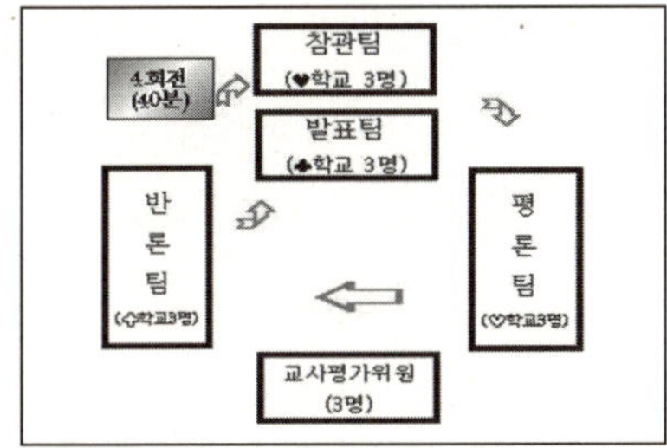

〈과학탐구토론의 주제 예시〉

• **초등부 탐구주제** : 물(2010년, 서울시 교육지원청 과학탐구토론대회 주제)

최근 전 세계는 갈수록 심화되고 있는 물 부족 위기를 극복하고, 과학적인 해결방안으로 맑고 깨끗한 물을 확보하기 위해 노력하고 있다. 이에 따라 물 부족에 대한 현황과 원인을 조사하고 우리 주변에서 활용할 수 있는 실천 과제에 대해 과학적으로 탐구하라.

• **초등부 탐구주제** : 전통문화(2010년, 서울시 교육지원청 과학탐구토론대회 주제)

우리 조상들의 뛰어난 과학적 업적은 오늘날 현대과학에서도 빛나고 있다. 전통과학 속 과학 원리를 현대에 적용한 사례를 조사하고 이를 활용할 수 있는 방안을 과학적으로 탐구하시오.

• **중학교 탐구주제** : 기술과 사회(2012년, 경기도 청소년 과학탐구대회 과학탐구토론 주제)

스마트폰은 우리에게 많은 정보와 편리함을 제공하는 반면 문제점 또한 발생시킨다. 스마트폰의 사용으로 인해 생긴 다양한 문제점을 주변에서 찾아보고, 이를 해결할 수 있는 방안을 과학적으로 탐구하시오.

• **중학교 탐구주제** : 에너지와 기후변화(2011년, 경기도 청소년 과학탐구대회 과학탐구토론 주제)

현재 에너지 자원의 대부분을 얻고 있는 화석연료는 환경오염과 온난화 현상을 가속화 시키고 있다고 한다. 이에 따라 신재생 에너지 또는 기존 에너지 자원의 효율을 높일 수 있는 방안에 대해 과학적으로 탐구하시오.

✽ 2012 서울시 교육지원청 과학탐구토론대회 요강을 참조하였음

• 주제 : 전기가 필요 없는 김치 냉장고

1. 문제 해결방향

집집마다 하나씩 가지고 있는 김치 냉장고는 김장독의 원리를 이용한 것이다. 그러나 김치 냉장고에 사용되는 프레온 가스는 환경을 오염시킨다.

환경을 오염 시키지 않고 맛있는 김치를 먹을 수 있는 방법은 없을까? 우리 선조들의 지혜가 담긴 옹기와 물이 증발하면서 주위에서 열을 빼앗아가는 기화열 원리를 이용하여 전기가 필요 없는 김치 냉장고를 생각해 보았다.

2. 탐구 내용

❶ 김치 냉장고의 원리

우리 선조들은 김장독을 70센티미터 정도 땅을 파고 그 안에 항아리를 묻어 사용해 왔다. 이는 겨울철 70센티미터 땅속의 온도가 섭씨 0~1도로 유지되며 김치의 발효를 억제시켰기 때문이다. 여기에 옹기로 만들어진 김장독이 순환 기능이 있어 싱싱한 김치를 몇 개월, 길면 1년 이상 맛볼 수 있게 해 주었다.

김치 냉장고도 이 원리를 이용해 내부 온도를 섭씨 0도 수준으로 일정하게 유지시켜 싱싱한 김치 맛을 느낄 수 있도록 해준다. 김치 냉장고는 이를 위해 냉장실 자체를 통째로 냉각시킴으로써, 한겨울 김장독을 땅속에 묻은 것과 같은 상태를 만들어 주는 것이다.

그러나 냉장고를 냉각시키는 데 사용되는 냉매물질은 프레온 가스이다. 프레온 가스는 대기를 오염시켜 오존층을 파괴한다. 오존층 파괴로 인해 해로운 자외선이 날로 증가하고 있으며, 그것으로 인한 기형발생률이 베트남전쟁의 피해와 맞먹는다는 보고도 있다.

그래서 환경을 오염 시키지 않는 김치 냉장고를 고민하게 되었다.

② 옹기의 원리

김치 냉장고는 김장독의 원리를 이용한 것이다. 김장독은 옹기로 만들어졌다. 우리의 옹기는 그 조각을 현미경으로 관찰해보면 수많은 공기구멍들이 모여 있는 것을 볼 수 있다. 이것은 옹기를 만드는 재료가 되는 흙 때문이다. 흙은 크기가 불규칙적이기 때문에 옹기를 굽는 과정에서 이 불규칙한 흙 알갱이들이 아주 작은 공간들을 만들어내는 데 이것이 옹기의 숨구멍이다.

이 숨구멍들은 공기는 통과시키지만 물이나 그 밖의 내용물들은 통과시키지 않는다. 그래서 옹기 안에 김치나 기타 발효음식들을 넣어 저장해 두면 옹기 바깥에서 신선한 산소들이 끊임없이 들어와 발효 작용을 돕는다. 또한 공기 순환도 잘 이루어져서 음식의 신선도도 오래 지켜준다.

③ 기화열

전기가 필요 없고 프레온 가스도 필요 없는 친환경 김치 냉장고를 만들기 위해서는 온도를 낮출 수 있는 방법을 찾는 것이 가장 중요했다. 그래서 우리 조는 아프리카의 전기 없는 냉장고의 원리인 기화열의 원리를 이용하기로 했다.

기화열이란 증발열이라고도 한다. 즉, 액체가 기체로 되면서 주위에서 빼앗는 열량을 말한다. 물은 기화열이 크기 때문에 더운 여름날 땀을 흘려 체온을 조절할 수 있고, 모닥불에 물을 뿌리면 물이 증발하면서 주위로부터 열을 빼앗아 가므로 모닥불의 온도가 불이 붙는 온도 이하로 낮아져 불이 꺼지게 된다.

실제로 아프리카에서는 기화열의 원리를 이용하여 냉장고를 만들어 사용하고 있는데, 이 아프리카 냉장고는 섭씨 10도까지 온도가 내려가고 그 온도가 계속 유지된다고 한다.

④ 김치의 발효 온도

섭씨 10도는 김장 김치를 가장 맛있게 익힐 수 있는 온도이다. 김장 김치를 오래 저장하여 맛있게 먹기 위해서는 먼저 섭씨 10도에서 김치를 익힌 후 섭씨 0도에서 김치를 저장하여 김치가 익는 속도를 늦추고, 이후 김치가 완전히 익기 직전에 영하2.5도에서 저장 하는 것이 가장 좋다.

⑤ 실험 과정

이와 같이 우리는 옹기와 기화열의 원리를 이용하여 김치 냉장고를 만들기로 하였다. 우리의 친환경 김치 냉장고를 만드는 방법은 매우 쉽고 간단하다.

우선 큰 옹기와 작은 옹기, 모래와 물을 준비한다. 큰 옹기와 작은 옹기 사이에 젖은 모래를 채운다. 그리고 바람이 잘 통하고 볕이 잘 드는 아파트 발코니와 한신 초등학교 엔젤파크에 두고 오전 11시부터 오후 3

시까지 2시간에 한 번씩 작은 옹기 안의 온도를 측정하였다.

처음에는 온도가 떨어지지 않고 올라가서 당황을 하였지만 친구들과 의논해 보고 부모님과 의논을 하다가 작은 옹기 안의 차가운 공기가 빠져나가거나 밖의 따뜻한 공기가 안으로 들어 왔을 수 있다는 생각에 작은 옹기의 뚜껑을 덮어 다시 실험을 하였더니 옹기 안의 온도가 떨어졌다.

| 아파트 발코니서 측정한 것 |

	옹기 내부 온도	외부 온도
11시	15도	15도
1시	13도	17도
3시	13도	18도

| 학교에서 측정한 것 |

	옹기 내부 온도	외부 온도
11시	21도	21도
1시	17도	23도
3시	17도	26도

3. 연구 결과

처음에 우리조가 목표로 한 작은 옹기 안의 온도는 섭씨 10도였다. 섭씨 10도는 김치가 가장 맛있게 익는 온도이고, 아프리카에서 사용하고 있는 기화열을 이용한 냉장고도 섭씨 10도까지 온도가 내려간다고 했기 때문이다. 그런데 우리의 실험에서는 섭씨 10도까지는 온도를 낮추지 못했다. 그러나 작은 옹기 안의 온도는 낮아졌으며, 밖의 온도가 점점 높아졌지만 작은 옹기 안의 온도는 다시 올라가지 않고 그대로 지켜졌다는 점은 일단 성공이라고 생각한다. 옹기 안의 온도를 더욱 떨어뜨릴 수 있는 방법을 연구해 보는 것은 앞으로 남은 우리 조의 숙제이다.

만약 10도 정도까지 온도를 떨어뜨릴 수 있다면 우리 조의 김치 냉장고는 실제로 우리들의 집에서 아주 간단하고 편리하게 사용할 수 있는 친환경 김치 냉장고로 활용 가능하다. 그리고 김치뿐만 아니라 토마토나 키위, 바나나 같은 꼭 냉장고에 보관하지 않더라도 서서히 익혀가면서 먹을 수 있는 과일들을 넣어서 보관한다면 전기 없이 2주 정도는 맛있게 먹을 수 있다.

요즘은 환경에 대한 관심이 높아지고 있다. 저탄소 운동과 에너지 절약 운동은 모두 환경을 지키기 위한 노력이다. 그런데 집집마다 조상의 지혜인 옹기를 내다버리고 편리하다는 이유만으로 환경을 오염시키는 냉매를 사용하는 김치 냉장고를 사용한다는 것은 참 어리석은 일이라고 생각한다. 자손을 생각해서라도 조금 불편하지만 항아리와 옹기를 지켜, 환경도 지켜내야 된다고 생각한다.

ㅊ. CEDA(Cross Examinaton Debate Association) – 교차조사토론

교차조사 Cross-Examination 방식은 아카데미식 교육 토론에 널리 사용되고 있는 형식이다. 아카데미식 토론의 목표는 토론 참가자가 찬성과 반대 입장을 번갈아 취함으로써, 주어진 정치·사회적 현안과 정책에 대해 이성적이고 합리적으로 판단할 수 있는 능력을 교육하는 데 있다. 아울러 주어진 절차와 형식에 따라 찬성 또는 반대에 대한 자신의 주장과 논거를 제시하여 심사위원과 청중을 설득함으로써 민주적 과정과 절차를 이해하게 된다. 참가자는 매회 토론마다 추첨을 통해 찬성과 반대의 입장을 결정하게 되므로, 사전에 찬성·반대 입장 모두의 논거와 관련 자료를 충분히 조사하여 어느 입장에서든 자신의 주장을 설득력 있게 전개할 수 있어야 한다.

교차조사토론은 한동대학교, 민족사관고등학교, 한양대학교, 경희대학교 등이 주관하는 여러 토론대회에서 널리 사용하고 있는 토론유형이다. 교차조사토론은 찬반대립토론과는 달리 상대방의 주장에 대해 타당성을 검증하고 주장의 논리력이 떨어지는 부분을 찾아 자신의 주장을 펼치면서 설득력을 높이는 형식이다. 소크라테스가 반어법을 이용해 상대방의 무지를 자각하게 이르도록 하는 것과 같이, 촌철살인과 같은 질문을 하면서 상대방의 주장에 대한 허점을 찾고 질문하며

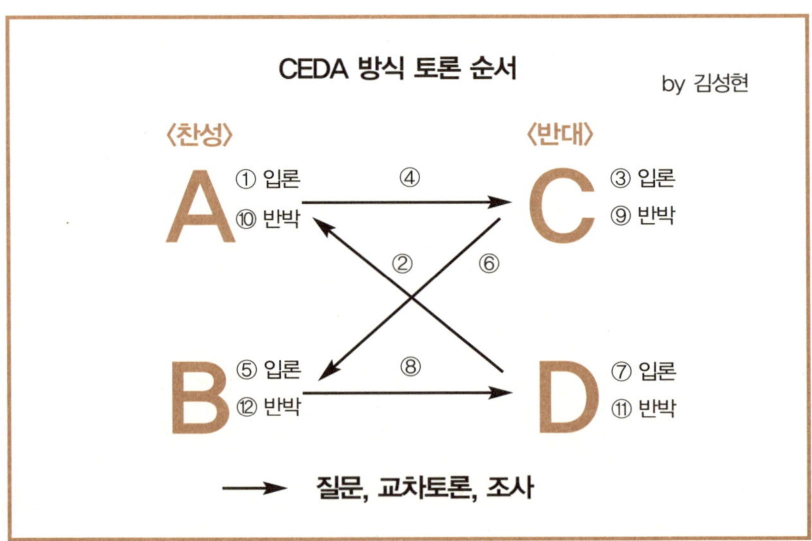

논리력과 설득력을 떨어뜨리는 것이다.

교차조사토론은 한 팀에 보통 2명이 참가하며 1인당 세 번의 발언기회(입론, 질문 및 교차조사, 반박)가 주어진다. 논제에 관한 자료조사와 상대측에서 제시하는 주장에 대한 타당성 검토 그리고 자신의 주장을 입증하는 증거 제시에 초점을 둔다.

토론 전체시간은 한 시간 정도 진행되며, 각 순서마다 정해진 시간을 지켜 토론하도록 한다. 그리고 각 순서가 진행될 때, 각 팀에서는 작전 시간을 요청할 수 있으며 전체 토론시간 가운데 작전시간은 10분을 넘길 수 없다. 토론 심사결과는 3인 심사의 경우 2인 이상, 5인 심사의 경우 3인 이상의 우세 평가를 받은 팀을 승자로 정한다.

교차조사토론의 진행순서는 다음과 같다.

1. **찬성 측 A 토론자의 입론** (5분)

2. **반대 측 B 토론자의 질의 및 교차조사**

3. **반대 측 A 토론자의 입론**

4. **찬성 측 A 토론자의 질의 및 교차조사**

5. **찬성 측 B 토론자의 입론**

6. **반대 측 A 토론자의 질의 및 교차조사**

7. **반대 측 B 토론자의 입론**

8. **찬성 측 B 토론자의 질문 및 교차조사**

9. **반대 측 A 토론자의 반박**

10. **찬성 측 A 토론자의 반박**

11. 반대 측 B 토론자의 반박

12. 찬성 측 B 토론자의 반박

〈주의사항〉

❶ **입론** – 타당한 근거를 들어 입론시 논제의 현상, 배경, 역사 및 문제점에 관한 분석, 그리고 해결책 등을 제시하도록 한다. 논리적으로 자신의 주장을 설득력 있게 증명하는 것이 포인트이다.

❷ **교차조사** – 상대측 입론에 대해 의심나는 점을 물어보는 것으로 '예/아니오' 또는 '맞습니다/틀립니다'의 답변이 나오도록 질의한다. 단, 논리적 흐름을 고려하지 않고 '예/아니오'의 대답만을 강요하는 비인격적 질의는 하지 않는다. 다시 말해 상대편 입론에서의 논리의 허점을 집어내어 상대편 주장에 불리한 질문을 하는 것이 중요하다.

❸ **반박** – 교차조사에서 나왔었는데 상대편이 잘 대답하지 못한 부분을 다시 한 번 확인하거나, 상대팀 교차조사 때 자신이 대답하지 못한 부분에 대한 보충설명을 한다. 그럼으로써 자신의 주장과 논리를 상대에게 설득하기 위한 반론을 제기한다.

〈토론의 요령〉

❶ 교차조사 토론시 상대측에서 우리의 주장 가운데 특별한 언급이 없는 것은 우리의 주장을 인정한다고 판단할 수 있다. 따라서 주장에 대한 근거를 보충하면서 주장을 보다 설득력 있게 끌고 갈

수 있다.

❷ 작전시간을 적절히 활용해 적절한 질문을 하거나, 부족한 자신의 주장의 타당성을 보충하는 기회를 삼도록 한다. 토론의 주도권은 찬성, 반대를 늘 넘나든다. 그러나 계속적으로 끌려가는 시간이 계속된다면 한 번 흐름을 끊어줄 필요가 있다.

〈CEDA 방식 토론의 논제 예시〉

1. 2003년 직지토론

- 초등부 : 우리 생활에 물보다 불이 더 필요하다.
- 중등부 : 개발이 환경보전 보다 우선이다.
- 고등부 : 호주제 폐지에 대하여

2. 2003년 한양대 고등학생 토론대회

- 고등부 : 조기유학 어떻게 생각하나?

3. 2004년 한동대

- 사형제도는 폐지되어야 한다.

4. 2005년 3회 국무총리배 한국스피치커뮤니케이션학회

- 정부는 교육시장을 개방해야 한다.

＊한국정치커뮤니케이션학회 http://www.politicalcommunication.or.kr 전북대학교 교수 학습 개발센터 ‘G＋책벌레 토론대회 http://ctl.chonbuk.ac.kr’ 자료를 참고하였음

ㅋ. 원탁토론

  원탁토론은 적게는 3~4명, 최대 12명까지 참여가 가능한 토론이다. 원탁토론은 토론참여자 모두가 각자의 의견을 발표하고, 또한 다른 사람의 의견에 질문 또는 반론을 제기할 수 있다. 일반적인 원탁토론 방법은 다음과 같다.

진행순서 및 시간	발언의 형식	기타 참고사항
자기소개 (40초)	안녕하세요. 저는 O—O반 OOO 입니다. 토론을 참 좋아합니다. 여러 사람들의 생각을 들을 수 있는 좋은 기회이기 때문입니다. 토론에 참가하게 되어 영광입니다. 그동안 조사한 자료를 바탕으로 다른 토론자들과 수준 높은 토론을 펼치고 싶습니다.	토론에 대한 기대를 가지고 분위기 환기를 위한 시간이다.
입론세우기 (3분)	저는 OOO 토론자입니다. 저는 OOO 생각이 옳다고/옳지 않다고 생각합니다. 왜냐하면 ______ 이기 때문입니다. 예를 들어, ~ 따라서 ~ 라고 생각합니다. 이상입니다.	입론발표의 순서를 정하고 정한 순서대로 자리에 앉는다. 제한 시간 내에 사전에 작성한 6단 논법 워크시트를 활용해 입론을 발표한다.

진행순서 및 시간	발언의 형식	기타 참고사항
질문 및 반론 (3~5분) ＊인원에 따라 시간은 조정가능 3~4명 → 5분 4~8명 → 4분 8~12명 → 3분	〈질문, 반론하는 사람〉 먼저 ○○○ 님의 입론 잘 들었습니다. ○○○ 님께서 ~라고 주장하셨는데, 저는 그 주장의 근거에 문제가 있다고 생각합니다. 왜냐하면 ~이기 때문입니다. 발표 가운데 ~라고 하셨는데, 구체적으로 무엇을 의미하는지 설명해 주십시오. ○○○ 님께서 ~라고 주장하셨는데, 그러면 ~ 문제의 구체적인 해결책은 무엇이라고 생각하십니까? 만약 ~ 상황이라면, 어떻게 하시겠습니까?	입론 발표자 주장에 대한 질문과 반론을 하는 시간이다. 질문 및 반론하는 참여자는 자신의 생각과 의견에서 차이가 나는 부분에 대해 이야기한다. 입론 발표자 옆 사람부터 차례로 3분씩 질문 및 반론을 자유 토론한다. ＊질문, 발론 순서를 정하는 것은 선택사항이다.
	〈입론자의 답변 및 재반론〉 네, ○○○ 님께서 ~ 같이 질문을 하셨는데 말씀드리겠습니다. 네, ○○○ 님께서 ~ 와 같이 반론하셨는데, 저는 ○○○ 님의 주장에 문제가 있다고 생각합니다. 왜냐하면 ~이기 때문입니다.	질문 및 반론에 대해 입론자는 근거를 제시하면서 주장을 펼쳐나간다.
최종 입장발표 (1분)	저는 ○○○ 문제에 대해 ~ 같이 생각합니다. 왜냐하면 ~ 이기 때문입니다. 이에 대한 해결방법으로는 ~라고 생각합니다.	자신의 입장과 자유 토론 후 좋은 대안을 덧붙인 자신의 주장을 최종 정리해서 입장을 발표한다.
모든 토론을 마친 후 소감발표, 칭찬하기	토론을 하면서 ~ 것을 느꼈습니다. 또한 ~ 대해 생각해 볼 수 있는 기회였습니다. 특별히 ○○○ 참여자는 ~ 부분이 뛰어났고 ○○○ 참여자는 ~ 부분이 인상적이었습니다.	토론에 대한 전체적인 느낌, 좋았던 점들을 이야기하는 시간이다.

원탁토론에서 주의할 점은 입론발표자의 주장을 경청해서 핵심을 파악한 후 적절한 질문과 반론을 해야 한다는 것이다. 그리고 호칭은 OOO 님, OOO 학생, OOO 토론자 등으로 통일하며, 제한된 시간 내에 토론규칙을 지켜 참여하도록 한다. 원탁토론에 참여하기 전에 자기 주장 세움표p.224참조를 작성하여 자신의 주장에 대한 근거자료들을 충분히 준비한 후 참여하도록 한다. 또한 주장의 형식은 두괄식으로 "저는 ~대해 ~라고 생각합니다"라고 명확하게 자신의 생각을 발표하도록 한다.

원탁토론의 배심원은 토론판정표를 작성하며, 각 단계별로 제한시간을 체크하며 토론참여자들이 항상 확인 가능하도록 시계를 세팅해둔다.

ㅌ. 독서퀴즈

과학이나 경제 등 아이들의 지식전달을 목적으로 쓰인 책들은 토론을 진행하기에 다소 어려움이 있다. 토론이란 논쟁의 여지가 있는 주제를 두고 찬성과 반대로 입장이 나뉘어 진행을 하는 것인데, 사실적 정보나 지식을 두고 독서토론을 한다는 것은 어불성설이다.

따라서 지식전달 위주의 책, 가령 과학관련 도서, 한자관련 도서, 신화 이야기, 한국사, 세계사 등은 퀴즈형태의 활동으로 진행하는 것이 좋다. 독서토론에서 잠시 벗어나 책의 내용을 정확히 잘 기억하고 있는지에 대한 프로그램으로 진행하는 것이다.

대표적으로 가장 많이 활용되는 방법이 퀴즈추첨이다. 가족이나 모둠별로 진행이 가능하다. 준비물은 추첨함, 메모지와 필기도구이다. 먼저 일 인당 메모지 열 장씩을 가지고 쪽지 한 장에 한 문제를 쓴다. 그런데 이때, 메모지에는 출제 근거가 된 책 페이지, 그리고 정답을 자세히 명시하도록 한다. 이는 문제 자체에 대한 논란이 생겼을 때, 책을 찾아 즉시 해결하기 위함이다.

추첨함에는 참여자의 이름이 적혀있는 메모지를 넣는다. 모든 참여자가 메모지에 문제를 모두 적으면, 자기 앞에 메모지를 한 번 접어 열 개를 늘어놓는다. 추첨함 세팅과 메모지 작성이 끝나면 추첨순서를 정해, 퀴즈추첨을 시작한다.

예를 들어, 첫 번째가 아빠순서라고 하면, 아빠는 추첨함에서 종이를 한 장 뽑는다. 아들을 뽑았으면, 아들 앞에 놓여있는 열 장의 메모지 가운데 한 장을 뽑는다. 그러면 아들은 메모지의 문제를 읽어주고, 아빠는 20초 이내에 문제를 맞혀야 한다. 만약 아빠가 못 맞히면 나머지 가족 가운데 선착순으로 문제를 맞힐 수 있다. 아빠가 문제를 맞히면 아들은 아빠에게 문제가 적힌 메모지를 주면 된다. 마지막에 메모지를 가장 많이 가지고 있는 사람이 최종 우승자가 된다.

사전에 문제 출제를 하고, 한 자리에 모여 바로 진행한다면 준비시간을 많이 단축시킬 수 있을 것이다. 그러나 논란의 소지가 있는 문제 예를 들면, 중요한 인물이 아닌 외국 사람의 이름을 맞히는 문제, 연도 문제는 피하도록 한다. 그래서 자신이 출제한 문제를 누구도 맞히지 못할 경우 메모지는 출제자 자신이 가지게 되는데 이것은 플러스 점수가 아닌 마이너스 점수로 인정됨을 사전에 알려주어야 한다. 또한 문제의 유형은 주관식, 객관식, OX퀴즈, 단답식 등과 스토리텔링형, 탐구형, 오픈테스트형, 추리형 문제로도 출제가 가능하다. 《별똥별아줌마의 우주이야기》에서 도서퀴즈 예시를 낸다면 다음과 같다.

❶ 스토리텔링형 문제

1957년, 소련 현 러시아에서 처음으로 인공위성 발사에 성공했어. 이에 자존심이 상한 미국이 소련보다 먼저 달에 사람을 보내게 되지. 미국이 달에 사람을 보낸 것에 한 수 꺾인 러시아는 우주정거장 건설을 위해 노력한 결과 1986년, OO 우주정거장을 건설하게 되지. 러시아 말로 평화라는 뜻의 이것은 무엇일까?

(정답: 미르)

❷ 탐구형 문제

태양의 행성 중에서 이곳에 살면 나이를 지구에서 보다 4배 빨리 먹게 되는데, 이곳은 어디일까? (정답: 수성) 그렇다면 왜 4배 빨리 나이를 먹게 되는 것일까? (정답: 수성은 지구보다 공전주기가 짧기 때문이다)

❸ 추리형 문제

다음 설명하는 행성은 무엇일까? (정답: 토성)

제시문 • 이 행성은 물 보다 가볍다.

　　　• 거인족 행성이라고도 부른다.

　　　• 고체 핵에 비해 두꺼운 바다와 대기를 가지고 있다.

　　　• 행성 주위에 아름다운 고리를 가지고 있다.

　　그리스 로마 신화의 경우 신들의 이름을 모두 암기하고 기억하기란 쉽지 않다. 따라서 독서퀴즈를 오픈테스트로 푸는 것도 하나의 방법이다. 책을 제대로 읽은 사람이라면, 어디에 무슨 내용이 있는지 쉽게 파악할 수 있다. 문제 내용을 듣고 답을 바로 이야기 하거나 책에서 답을 찾아 먼저 답하는 방법이다.

❹ **단답형 문제**

파에톤이 태양마차를 몰다가 죽자 아버지 헤리오스는 아들의 죽음을 슬퍼하면서 눈물을 흘렸는데 이후 사람들은 이 눈물을 무엇이라고 불렀나? (정답 :이슬)

❺ **오픈 테스트형 문제**

허영심이 많았던 탄달로스는 신들을 우습게 여기고 신들의 지혜를 시험한 죄의 대가로 벌을 받게 되는데 그것은 무엇인가?

정답 • 목이 말라도 물을 마실 수 없는 것

　　　 • 배가 고파도 과일을 먹을 수 없는 것

❻ **오픈 테스트형 문제**

니오베는 자신만이 행복한 여자라고 생각하며 점점 거만해져 가는데, 이러한 거만함으로 인해 레토의 미움을 받아 일곱 아들과 딸들을 모두 잃게 된다. 심지어 남편마저 자결하게 만드는데 후에 니오베는 바위로 변하게 된다. 이 이야기가 나오는 부분은 책에서 페이지를 찾아라.

2

독서토론,
이렇게 진행하고
참여하자

독서토론을 진행하는 데 있어 첫 관문인 책 선정하기가 끝나면 독서토론 일자를 정하도록 한다. 그리고 정해진 시간까지 토론 참가자는 반드시 책을 최소한 두 번 이상 읽도록 한다. 그리고 토론에 참가하기 전에 토론 활동지를 사전에 작성하도록 한다. 정리하면, 토론에 참가하기 위해서는 첫째, 책을 두 번 이상 읽기 둘째, 토론 활동지를 꼼꼼히 작성하는 것이다. 이것은 토론에 참여하기 위한 최소한의 예의이고 토론자의 기본적인 자격이다.

독서토론의 진행과정에서 가장 중요한 부분은 토론의 실제시간이 아니라 토론을 위한 준비시간이다. 즉 책에 대한 완벽한 이해와 다각적인 입장 정리 그리고 인터넷이나 인터뷰를 통해 다른 사람의 생각에 대한 조사 등으로 충분한 지식을 얻는 과정이 있어야 한다는 것이다. 토론은 자신이 준비한 만큼 많은 것을 얻는 것이다. 대충 책 내용만 파악하고 토론에 참가한다면, 혹은 충분한 고민 없이 임한다면 토론의 효과를 기대하기 어렵다.

이 책에 제시된 토론 활동지를 바탕으로 책을 읽고 또 읽고 찾아 읽으며 꼼꼼히 자세하게 작성한다면 토론 준비는 된 것이다. 그리고 예상되는 반대 의견이나 질문 등을 정리해서 사전 자료조사를 마친다면 금상첨화일 것이다. 또한 관련 예시나 신문기사, 책속의 근거자료를 확보해 두면 보다 논리적인 주장을 펼 수 있을 것이다.

가령 《까막눈 삼디기》와 관련하여 토론을 할 때, "왕따를 당하는 학생은 어떠한 피해를 주었거나 잘못을 했기 때문에 왕따를 당한다고 주장하셨습니다. 그런데 아무런 피해를 주었거나 잘못을 하지 않았음에도 왕따를 당하는 경우가 있습니다. 예를 들어, 제가 3학년 때 성격이 내성적이고 소극적이라 먼저 다가가는 것을 힘들어 하는 친구가 있었습니다. 그런데 다른 친구들은 그 친구가 어떤 피해를 준 것도 아닌데 왕따를 시킨 경우를 보았습니다"와 같은 의견을 낼 수 있다.

이처럼 근거를 뒷받침 할 만한 에피소드, 사례 등을 준비하는 것도 좋다.

토론 시작에 앞서 몇 가지 준비물이 있다.

첫째, 초시계이다.

토론의 목적은 생각의 차이를 확인하고 합리적이고 적절한 대안을 함께 생각해 보는데 있다. 그런데 한 가지의 쟁점에 대해 장시간 계속적으로 이야기가 진행되면 논제에서 벗어나 작은 부분에 국한되어 또는 집착하며 토론이 흘러가게 된다. 따라서 사회자는 시간을 정해 두고, 토론의 흐름을 조절하는 것이 필요하다. 토론의 주제와 부합되는 쟁점이 이어진다면 시간을 추가하여 진행할 수도 있다.

둘째, 토론 활동지, 연습장, 필기도구, 빨간펜, 포스트잇이다.

토론은 멀티태스킹 Muti-Tasking이 가능해야 한다. 상대방의 의견을 경청하고 손으로는 메모하며, 자신의 생각과 비교 분석하여 다음 발화를 준비하는 것이다. 토론에서는 메모하고 말하는 것이 계속된다. 따라서 항상 연습장과 필기도구를 옆에 두고 쓰고 말하는 과정이 원활히 될 수 있도록 준비해야 한다. 그리고 토론 활동지를 서로 돌려 보면서 생각을 공유할 때, 좋은 아이디어와 타당한 근거에 표시를 하기 위한 빨간펜이 필요하다. 또한 피라미드 형태의 토론시 유용한 포스트잇도 준비해 두도록 한다.

마지막으로 토론 규칙에 대한 숙지이다.

토론 규칙은 모두 다 잘 알고 있다고 생각하고 그냥 넘어가기 쉽지만, 중요한 만큼 다시 한 번 언급하고 토론의 예절을 지켜 수준 높은 토론 분위기가 형성될 수 있도록 해야 한다. 형식이 내용을 지배하기 마련이다. 기본적인 토론 규칙은 다음과 같다.

- 말을 할 때는 사회자에게 발언권을 얻어서 이야기 한다.
- 이야기는 제한시간 내에 마치도록 한다.

- 토론 중에 언성을 높이거나 자신의 생각과 다르다는 이유로 감정적으로 토론에 임하는 일이 없도록 한다.
- 토론의 논제에서 벗어난 이야기는 하지 않는다.
- 토론자가 말을 하고 있을 때는 소란스럽게 하지 않는다. 공식적인 자리인 만큼 경어체를 사용한다.

또한 유념해야 할 것이 있다. 바로 토론을 진행하는 사회자의 역할이다. 사회자는 전체 토론의 분위기를 잡아나가며, 토론자들이 적극적으로 토론에 참여할 수 있도록 동기부여하며, 토론의 방향을 제시하는 역할을 해야 한다.

그렇다면 다시 한 번 사회자의 중요한 역할을 정리해 보겠다.

첫째, 토론의 주제와 어긋난 발언에 대해서는 적절히 제지할 필요가 있다. 그리고 정확한 토론의 주제에 대해 다시 한 번 언급하는 것이 필요하다.

둘째, 정해진 시간을 초과하여 말할 경우 시간 준수에 대해 안내해야 한다.

셋째, 사회자는 찬성과 반대 측의 입론에 대해 적절히 정리해서 다시 한 번 토론 참여자들에게 안내해야 한다. 또한 자유토론이 활발하게 이루어지지 않을 경우, 찬성과 반대 측의 입장을 요약해서 이야기하며 토론의 맥을 이어가도록 한다. 토론 참여자의 주장이 불분명할 경우 이를 분명하게 정리할 필요도 있다.

넷째, 토론이 감정적으로 격화되는 경우 중간에서 중재하는 역할을 해야 한다.

마지막으로 토론자들에게 논제에 대한 정확한 해결법이 무엇인지에 대한 발언을 요구하며, 모두가 공감할 수 있는 해결책을 함께 찾도록 보조역할을 해야 한다.

정해진 순서에 따라 토론이 진행되고 난 후 꼭 해야 할 것이 있다. 바로 칭찬하기이다. 아무리 친한 친구이고 가족이라 할지라도 나와 다른 주장을 가지고 토론을 펼치다 보면 얄밉기도 하고 기분이 상할 수도 있다. 따라서 마지막 마무리에는 토론의 과정 가운데 상대방이 잘한 점을 구체적으로 칭찬하는 시간을 가지는 것이 좋다.

"적절한 예시를 제시하면서 발표하니 설득력 있게 느껴졌어."
"내가 다소 감정적으로 이의를 제기해서 기분 나쁠 수도 있었을 텐데 침착하게 이야기 하는 모습이 인상적이었어."
"타당한 근거자료를 제시하면서 토론에 임하니까 반대 진영이었던 내가 찬성 쪽으로 마음이 끌리는 것 같아."

이와 같이 격려하며 시간을 마무리 하는 것이 현명하다. 토론은 토론일 뿐이다. 서로 진지하고 열띤 공방을 펼치며 이야기 할 수 있는 상대가 있음에 감사해야 한다. 그리고 수준 높은 토론 분위기 조성을 위해 함께 노력해 준 참가자 모두를 위해 박수를 치도록 한다.

3

딱 맞는 책으로
자녀교육을 하자

필자는 1년 동안 독서토론을 진행한 후 학생들을 대상으로 설문조사를 실시했다. 설문조사 내용 가운데 하나는 "선생님이 도덕시간에 '이렇게 해야 한다. 저렇게 해야 된다' 라고 이야기 하는 것보다 우리가 책을 읽고 독서토론하면서 직접 느끼고 이야기하는 것이 더 학습효과가 높다고 생각하는가?"라는 질문이 있었다. 이 질문에 답한 27명의 아이들 중 25명 92.5퍼센트은 "그렇다"라고 답했고, 반면 2명 7.5퍼센트만은 "아니다"라고 답했다.

필자가 이러한 질문을 던진 이유는 토론을 진행하면서 아이들의 입에서 선생님과 부모님이 아이들을 충고하고 훈계할 때 하는 이야기들을 스스로 하는 것을 발견했기 때문이다.

"주인공의 마음을 헤아리지 못한 철수의 잘못도 크다고 생각합니다. 보다 관심을 가지고 다가가서 대화하려고 노력했다면 일은 커지지 않았을 것입니다."(《까막눈 삼디기》 독서토론 중에서)

"부모님께 걱정을 끼쳐드리지 않도록 노력하는 것이 진정한 효라고 생각합니다."(《심청전》 독서토론 중에서)

"꿈을 가지고 내가 현재 할 수 있는 일에 차근차근 최선을 다하는 것이 우리의 할 일이라고 생각합니다."(《미스럼피우스》 독서토론 중에서)

어른들이 아이들에게 "~해야 된다", "~ 해서는 안 된다"라고 반복적인 충고를 하는 것도 중요하지만, 보다 아이들에게 확실하게 어떠한 메시지를 주고 싶다면 스토리를 이용한 충고가 효과적이다. 이것이 스토리텔링의 힘이다.

아이들에게 바른 인성과 예절에 대해 교육을 시키고 싶다면 《샛별이와 한별이의 예절배우기》, 《괴물 예절 배우기》 등이 좋은 교육 자료가 될 것이다. 환경오염에 대한 심각성을 이해하고, 자연을 사랑하는 마음을 갖게 하고자 한다면 《버들붕어 하킴》, 우리나라의 역사의 흐름을 이해시키고자 한다면 저학년은 《발로 배우는 우리 역사시리즈》, 고학년은 《한국사 편지》를 정독해 보면 좋겠다. 학교생활을 하는데 있어 왕따 문제, 학교폭력 등의 문제에 대해 이야기 나눠보고 싶다면 《까막눈 삼디기》, 그리고 배려에 대해 생각하게 하는 《가방 들어주는 아이》, 《어린이를 위한 배려》도 추천한다.

아이가 걱정과 불안, 두려움이 많은 아이라면 《이 고쳐 선생과 이빨

투성이 괴물》, 《괜찮아 괜찮아 완벽하지 않아도 괜찮아!》, 《틀려도 괜찮아》등을 통해 지도가 가능하다. 그리고 아이에게 자신감과 용기를 심어주고 싶다면 《모치모치 나무》, 《백만마리 고양이》, 《꿈지기 아저씨》, 《꽃들에게 희망을》등을 통해 이야기를 나누어 볼 수 있을 것이다.

학교에서 배우는 여러 과목에 대한 동기부여를 주는 책들도 참 많다. 수학선진화에 따른 실생활 속에서의 수학이야기를 쉽게 풀어낸 책은 수학에 대한 친근감을 높여 줄 수 있다. 《숫자로 보는 세상의 비밀》, 《수학공부가 즐거워지는 수학일기쓰기》, 《축구 신동 샤오베이, 수학탐험에 나서다》도 수학과의 거리를 줄여주는 책이다.

철학이라고 하면 왠지 딱딱하게만 생각하는 어린이들, 그러나 세상을 살아가는 지혜 그리고 세상을 바라보는 통찰력을 위한 철학입문서 《자기만의 철학》은 고학년이라면 한 번쯤 읽어보면 좋을 듯하다.

교육자는 무엇을 가르쳐 주는 사람이 아니라, 무엇이 있음을 알려주는 동기부여자이다. 그리고 지식을 주입시키는 사람이기 보다 지식을 깨닫도록 도와주는 조력자이다. 부모와 교사는 세상의 수많은 책들 가운데 우리 아이에게 가장 적합한 책이 무엇인지 찾는 일에 초점을 두어야 한다는 것을 명심하자. '지금 우리 아이가 무슨 책을 읽고 어떤 생각으로 말을 하고 있느냐' 에 따라 아이의 미래가 달라진다.

4 토론에서 흔히 발견되는 오류과 실수

나와 다르다는 이유로 감정적으로 토론에 참여하는 아이들이 있다. 대표적으로 언성을 높여 말하는 학생, 홧김에 펜이나 종이를 던지는 학생, 또는 반대로 엎드리거나 침묵으로 일관된 태도를 보이는 유형의 학생도 있다. 이럴 경우, 사회자는 잠시 토론을 중단하고 휴식시간을 가질 필요가 있다.

"토론은 서로 주장이 옳다고 싸우는 것이 아닙니다. 수준 높은 토론 진행을 위해 서로 존중하는 마음이 필요할 것 같습니다. 잠시 쉬었다가 토론을 다시 진행하도록 하겠습니다" 라고 말하고 사회자가 적절히 상황판단을 한 후 휴식시간을 가지는 것이 좋다.

토론의 수준을 높이기 위해서는 참여자들의 논리적인 주장이 필수적인데, 많은 학생들이 흔히 하게 되는 대표적인 오류 일곱 가지에 대해 알아보자.

1. 성급한 일반화의 오류

단순히 몇 가지의 상황만을 보고 성급하게 이를 전체에 대해 일반화하여 규칙으로 이끌어 내는 오류를 말한다.

예를 들면 다음과 같다. '아인슈타인은 유대인이다. 프로이드도 유대인이다. 루즈벨트 대통령도 유대인이다. 따라서 유대인들은 모두 머리가 좋고, 위대한 사람들이다.'

→ 단순히 위인들의 경우만을 놓고 유대인 전체에 대해 평가하는 것은 잘못된 판단이다.

2. 거짓 원인의 오류

원인과 결과에 어떠한 연관관계가 없음에도 있는 것으로 착각하는 오류이다. 어떠한 일이 벌어진 결과에 대해 잘못된 원인을 옳은 원인으로 보는 경우, 또는 어떠한 일이 다른 일에 앞서 일어났다는 까닭만으로 인과관계가 있다고 판단하는 경우이다.

예를 들면 다음과 같다. '늘 반에서 꼴찌를 하던 아이가 어느 날 여자 친구가 생기면서 성적이 올랐다. 따라서 이성교제가 학업성취도에 도움이 된다.'

→ 학업 성적과 이성 교제와는 인과 관계가 없는 것인데, 이성 친구를 사귄 것이 성적이 급격히 오른 것에 앞서 일어난 일이라고 생각하

고 있다. 이성 친구를 만난다는 사실과 학업성적이 오른다는 자체만을
두고서는 인과 관계가 없는 것이다.

3. 흑백논리의 오류

어떤 집합의 원소가 단 두 개 밖에 없다고 판단하고 추론하는 오류
이다. 대립되는 두 개념 사이에 중간적 개념이 가능함에도 불구하고
서로 모순된 개념으로 판단하면서 생기는 오류를 말한다.

예를 들면 다음과 같다. '동생의 부탁을 거절하는 주인공의 모습을
보니, 주인공은 동생을 싫어한다.'

➡ 동생의 부탁을 받아들이면 좋아하는 것이고, 거절하면 싫어한다
고 판단하는 흑백논리에 빠져 있는 것이다.

4. 인신공격의 오류

말하는 사람의 인격, 개성, 직업, 과거의 정황 등 주장과 관계없는 사
항들을 비난함으로써 주장하는 사람의 생각이 잘못되었다고 판단하는
오류이다.

예를 들면 다음과 같다. '주인공 할아버지의 충고는 받아들이기 힘
들다. 그는 과거에 사업을 하면서 뇌물을 받은 혐의로 교도소에 다녀
온 사람이기 때문이다.'

➡ 특정 인물의 주장에 대해 반박하지 않고 인물 자체에 대해 반박
하는 것이다.

5. 의도확대의 오류

　누군가 특정 행동을 할 때 행동하는 사람은 생각하지 않는 의도를 만들거나 또는 행동의 의도를 확대하여 판단할 때 생기는 오류이다.

　예를 들면 다음과 같다. '주인공은 어제도 공부를 하지 않고, 오늘도 공부를 하지 않고 일찍 잠에 들었다. 주인공은 공부를 하지 않은 걸로 보아 목표가 없는 것 같다.'

　➡ 주인공의 정확한 정황을 살펴보고 판단하지 않고, 단순히 주인공의 행동 자체만을 두고 목표가 없다고 확대 해석하는 오류를 범하고 있다.

6. 부적합한 권위에 호소하는 오류

　주장과는 직접적인 상관이 없는 엉뚱한 분야의 유명인 또는 권위자의 견해를 근거하여 발표자의 주장을 받아들이도록 하는 오류이다.

　예를 들면 다음과 같다. '이번 시험에서 전교 1등을 한 친구는 시험을 치기 전에 꼭 초콜릿을 먹는데 초콜릿을 먹으면 긴장이 풀어지기 때문이래. 우리도 긴장을 풀기 위해 시험 전에 초콜릿을 먹도록 하자.'

　➡ 전교 1등을 한 친구가 학업성취도는 높을 수 있으나 건강분야의 권위자는 아니다.

7. 원천봉쇄의 오류

　상대방이 반론을 하지 못하도록 반대 의견을 원천적으로 비판하거나 봉쇄함으로써 반론제기를 불가능하게 하면서 자신의 의견 주장을 하는 오류이다.

예를 들면 다음과 같다. '게임 셧다운제도는 게임으로부터 우리 학생들을 보호하자는데 있다. 이를 반대하는 사람들은 우리 아이들을 악의 구렁텅이로 몰아넣자고 주장하는 사람들이다.'

→ 게임 셧다운제도에도 장점과 단점이 동시에 존재하는데, 반대하는 자체를 나쁘게만 몰아가고 있다.

8. 대중에게 호소하는 오류

주장에 대해 적절한 근거를 제시하지 않고, 사적관계, 연민, 분노, 감정, 군중심리 등에 호소하거나 많은 사람들이 동의한다는 점을 앞세워 자신의 주장에 대해 힘을 얻어내고자 하는 오류를 말한다.

예를 들면 다음과 같다. '이 영화는 작품성이 훌륭한 영화가 틀림없다. 개봉한 지 일주일 만에 어느새 10만 관객을 돌파했으니까 말이야.'

→ 영화의 경우, 사람들이 작품성이 아니라 단순한 흥미나 호기심의 이유로 작품을 많이 볼 수도 있는 것이다.

또 다른 예를 들어 보자. '실제로 6개월 동안 꾸준히 계획을 세워 학습하면 분명 성적이 올라. 그렇지 않으면 내 손에 장을 지진다.'

→ 적절한 근거와 이유를 제시하기보다 감정에 호소하여 자신의 주장에 힘을 싣는 경우이다.

토론이 진행되다 보면, 아이들은 뜻하지 않게 위와 같은 오류들을 흔히 범하게 된다. 따라서 토론이 진행되기 전에 위의 오류들에 대해 사전에 학습을 시킨다면, 아이들은 토론 중에 오류를 찾아내 지적함과 동시에 자신은 그에 대한 오류에 빠지지 않도록 노력하게 된다. 선생님이나 부모님은 아이들의 오류에 대해 메모해 두고 토론 중에 적절히 알려줌으로써 스스로 깨달을 수 있도록 하는 것도 좋은 방법이다.

　저학년인 경우라면 토론의 활성화를 위해 오류를 범하더라도 토론 중에 지적하지 않는다. 그리고 토론이 모두 끝난 다음, 오늘 토론에 아쉬웠던 점들을 피드백하면서 알려주는 것이 효과적이다. 즉 유창성 Fluency이 먼저냐 정확성 Accuracy이 먼저냐 하는 것이다. 저학년이라면 토론의 유창성에, 고학년이라면 토론의 정확성에 초점을 두어야 한다.

토론에서의 언어형식은 어떻게 할까?

실제로 토론에 들어가면, 공식적인 상황으로 바뀌면서 나이와 지위고하를 막론하고 존댓말을 사용하여야 한다. 그리고 상대방을 존중하는 마음으로 토론에 임하여야 한다. 토론에서 흔히 사용하는 언어의 패턴도 익혀두면, 토론의 진행이 매끄럽고 토론 참여자가 발언자의 내용을 이해하는데도 용이하다.

[사회자 토론 진행 대본] – 찬반대립토론(천사와 악마 토론게임)의 예시

안녕하세요. 오늘 토론 진행을 맡은 OOO입니다. 오늘 토론은 OOO형식으로 진행됩니다. 질문 및 반론시 발언권을 얻어 발표하고, 제한된 시간 내에 입론 및 반론을 마칠 수 있도록 협조 바랍니다. 그리고 토론의 주제에 벗어난 발언이나, 감정에 치우친 발언은 자제하시기 바랍니다.

토론 진행에 앞서 토론 참여자의 간단한 자기소개가 있겠습니다.

그럼 지금부터 (   )라는 논제로 토론을 시작하겠습니다. 먼저, 찬성 측의 입론이 있겠습니다. 시간은 O분입니다.

찬성 측의 입론 잘 들었습니다. 찬성 측의 입론을 요약하면 ~입니다. 다음은 반대측의 입론이 있겠습니다. 시간은 O분입니다.

반대 측의 입론 잘 들었습니다. 요약하면 ~입니다.

• 작전 토의 : 상대측 주장에 반론 펴기를 위한 1차 작전토의가 있겠습니다. 시간은 O분입니다. 팀별로 협의하시기 바랍니다.

• 1차 질문 및 반론 : 반대 측에서 O분간 찬성 측으로 1차 질문 및 반론이 있겠습니다.

(시간이 남을 경우 : 더 이상 질문이나 발론이 없습니까?)

(시간이 초과된 경우 : 시간이 되었으므로 찬성측 질문, 반론이 있겠습니다)

찬성 측에서 O분간 반대 측으로 1차 질문 및 반론이 있겠습니다.

• 2차 작전 토의 : 상대측 주장에 반론 펴기를 위한 2차 작전토의가 있겠습니다. 시간은 O분입니다. 팀별로 협의하시기 바랍니다.

• 2차 질문 및 반론 : 찬성 측에서 O분간 반대측으로 1차 질문 및 반론이 있겠습니다.

반대 측에서 O분간 찬성측으로 1차 질문 및 반론이 있겠습니다.

• 최종 입장 정리를 위한 토의 : 최종 입장 정리 및 발표를 위한 O분의 협의시간을 갖도록 하겠습니다. 각 팀별로 협의하십시오.

• **최종 변론** : 먼저 반대 측의 최종 입장을 발표하겠습니다. 시간은 O분입니다. 반대 측의 내용을 요약하면 ~입니다. 이어서 찬성 측의 최종입장 발표가 있겠습니다. 시간은 O분입니다. 찬성 측의 내용을 요약하면 ~입니다.

• **판정** : 이어서 판정단에서의 판정결과를 발표해 주시겠습니다.

• **소감 및 칭찬** : 오늘 토론을 진행한 느낌을 발표하고, 오늘 자신이 생각하는 토론MVP를 선정해 주십시오.

• **폐회** : 이상으로 (   ) 토론을 모두 마치도록 하겠습니다.

[입론 발표] 토론논제에 대해 입론을 할 때.

"저는 ~에 대해 찬성합니다. 왜냐하면 ~이기 때문입니다."

" ~에 대한 제 생각을 O가지로 정리 해 보면, 첫째는 ~이고, 둘째는 ~이고, 셋째는 ~입니다."

[답변과 반론] 상대측의 주장에 대해 반론을 제기할 경우.

– "OOO님께서 ~라고 발표하셨는데 저는 ~라고 생각합니다. 왜냐하면 ~ 이기 때문입니다."

– "OOO님께서 ~라고 반론을 제시하셨는데, 만약 ~ 한다면 ~ 한 일이 발생하지 않을까요? 따라서 저는 OOO님 의견에 반대합니다."

– "네, 제가 주장한 OO에 대해 설명 드리겠습니다. ~은 ~입니다. 예를 들면, ~을 의미합니다."

[발언권] 자유토론 과정에서 먼저 발언권을 얻어 발표하는 경우, "제가 발표하겠습니다."

[**질문**] 상대측의 주장에 대한 질문을 할 경우.

- "ＯＯＯ님께서 ~라고 발표하셨는데, ~ 가 무엇인지 설명을 부탁 드립니다."

- "ＯＯＯ님께서 ~라고 주장하셨는데, 제가 Ｏ가지 질문을 드리겠습니다. 첫째는~이고, 둘째는 ~입니다."

- "ＯＯＯ님의 주장 가운데 ＯＯ부분은 이해가 되지 않습니다. 다시 한 번 요약해서 발표해 주십시오."

- "ＯＯＯ님께서 ~라고 발표하셨는데, 왜 그렇게 생각하는지 설명해 주십시오."

- "만약 ~한다면, ~한 문제가 발생할 수도 있습니다. 이럴 경우 어떠한 해결방법이 있을까요?"

[**보충 발표**] 우리 측의 발표에 나의 의견을 보충하여 주장할 때.

"ＯＯＯ님께서 ~라고 발표하셨는데, 보충하여 설명 드리겠습니다."

"저도 그렇게 생각합니다. 왜냐하면 ~이기 때문입니다."

[**문제 해결**] 문제의 해결방안을 모색하는 가운데 자신의 의견을 주장할 때.

"제 생각에는 ~ 하는 것이 좋다고 생각합니다. 왜냐하면 ~이기 때문입니다."

5장

독서토론을
실제로 해보자

이번 장에서는 실제로 저자가 경험한 독서토론의 효과와 학생들의 독서토론에 대한 후기를 살펴본다. 또한 학년별로 실제 실행한 독서토론의 내용, 확인 문제, 워크시트 등의 제시 예를 들고 있어, 이러한 내용을 참고하여 실제 독서토론에 활용해 볼 수 있다.

독서토론,
이제는 실천이다

《마시멜로 이야기》에 소개된 우화이다. 무더운 여름 연못에 떠있는 나뭇잎 위에 개구리 세 마리가 나란히 앉아 있었다. 세 마리 가운데 한 마리 개구리가 "날씨가 너무 덥다. 나는 연못에 들어가 시원하게 지내고 싶네. 수영하러 들어가야지" 라고 말한다. 10분 후에 나뭇잎 위에 몇 마리의 개구리가 있을까?

세 마리에서 한 마리가 연못에 들어갔으니 두 마리라고 일반적으로 생각한다. 그러나 10분 후 나뭇잎에는 세 마리가 그대로 나란히 앉아 있었다. 즉, 말하는 것과 실천하는 것은 별개의 문제라는 것이다.

독서의 경우도 마찬가지이다. 독서의 중요성, 독서토론의 효과에 대해 알고 있지만 이를 실천에 옮기지 못하면 우리는 말만하는 개구리와 다를 바 없다. 왕양명의 지행합일知行合一에서 한 단계 더 나아가 사행합일思行合一, 즉 생각하고 깨달은 것과 실천하는 것이 하나가 되어야 할 것이다.

72시간의 법칙이 있다. 새롭게 알게 되고 깨닫게 된 것을 자신의 삶에 72시간 즉 3일 이내에 행동으로 옮기지 않으면 자신의 것으로 받아들이기 힘들다는 것이다. '나중에 해봐야지' '좋은 아이디어네. 그런데 지금은 조금 그래' '다음에 해보자' 라는 것은 아마추어적인 생각이다. 프로와 아마추어의 차이는 간단하다. 프로답게 생각하고 행동하면 프로가 되는 것이고 아마추어처럼 행동하면 아마추어가 되는 것이다. 자녀를 지도하는데 있어 연습이 있어서는 안 된다. 최대한 시행착오를 줄이는 것이 중요하다. 뒤늦게 후회하는 것을 최대한 줄어야 한다. 주위사람들의 조언과 좋은 책들을 접한 후에는 과감히 변화해야 한다. 마치 프로처럼 말이다.

오늘 저녁 또는 다가오는 주말에는 가족들이 함께 모여 가족회의를 하고, 독서토론을 제안해 보자. 반응이 시큰둥하다고 해서 실망하지 말자. 중요한 것은 변화하고자 하는 노력이다. 부모가 먼저 행동으로 보여주자.

"엄마, 아빠가 왜 이러지. 이러지 않았는데."

"엄마 드라마 안 봐? 아빠 야구 안 봐?"

"어, 가족들이 달라졌네."

아이들이 처음에는 놀라겠지만, 차츰 그 분위기에 익숙해질 것이다. 말보다 행동이 가장 설득력 깊은 교육임을 명심하고, 〈제1회 가족독서토론〉을 시작해 보자. 첫술에 배부를 수 없다. 1회 토론을 통해 잘한 점과 보완해야할 점을 점검하고 2회 토론을 기대하는 마음으로 준비하면 된다. 자녀교육, 독서교육에 대한 많은 주장과 이론들이 있지만 성실하게 책을 읽고 책에 대해 함께 이야기 나누고 토론하는 것은 분명 거대한 '사고력의 탑'을 쌓아 가는데 지름길임을 확신한다.

다음은 1년간 독서토론을 진행한 후 아이들이 느낀 점이다.

• 1년간 독서토론을 하면서 – 학생들의 후기

***6학년 이가은 – 책을 틈틈이 읽고, 보다 꼼꼼하게 읽게 되었어요.**

6학년 생활에서 재미있고 기억에 남는 일은 많이 있었다. 그중에서 기억에 남는 일은 독서토론이다. 맨 처음엔 독서토론 하는 방법도 잘 몰라서 재미없고 어렵기만 했었다. 그러나 점점 재미있고 흥미로워졌다. 독서토론의 장점은 시간이 없을 때도 학교 숙제이기 때문에 꼭 해야 해서 책을 틈틈이 읽을 수 있었다는 것이다.

독서토론을 하면서 나는 책을 더 자세히, 꼼꼼히 읽게 되었고 친구들과 함께 하는 것이었기에 재미있게 읽을 수 있었다. 또 하나 독서토론을 하면서 선생님은 일주일에 두 번씩 책들에 대해 워크시트를 만드셨다. 그 워크시트를 하면서 그 책에 대해서 다시 한 번 생각하게 되었고, 그 주인공의 상황과 나의 상황을 비교할 수 있어 좋았다.

아쉬움이 있다면 내가 워크시트를 작성할 때 경험과 인상 깊었던 부분을 쓰지 않았다는 점이다. 그리고 주인공의 경험을 나의 경험과 비교하는 일은 너무나 어려웠다. 하지만 앞으로는 경험을 더 생각해서 적어보도록 하겠다. 이번 학기에는 《이고쳐선생》, 《까막눈 삼디기》, 《꽃들에게 희망을》, 《조금만 조금만 더》, 《마시멜로 이야기》, 《마당을 나온 암탉》, 《마법의 설탕 두 조각》에 대해 토론했다. 다음 학기에는 더 많은 책들을 읽고 독서토론을 하고 싶다.

***6학년 박소리 - 가려 읽던 습관에서 벗어나 여러 분야를 읽게 되었어요.**

나는 원래 책을 가려 읽는다. 소설이면 소설, 과학이면 과학, 한 분야만을 계속 읽는다. 그러나 독서토론을 하면서 과학, 경제, 소설 등 여러 분야의 책을 읽게 되었다. 또 책을 2번 3번씩 읽으면서 독서토론 했던 책은 내용을 오래 기억할 수 있어서 좋았다.

독서토론을 진행하면서 어려운 점은 토론 활동지 작성이었다. 8회까지 독서토론을 했지만 아직도 토론 활동지 작성은 하기 어렵다. 그러나 뒤돌아보면 토론 활동지 작성을 통해 지식을 많이 쌓을 수 있었고, 생각도 깊어졌다. 다양한 책으로 토론을 계속 이어갔으면 좋겠다.

***6학년 전현주 - 여러 친구들의 의견에 귀기울이게 되었어요.**

선생님께서 내주신 논제를 보고 불평도 하였고, 재미있게 참여도 하였다. 지금까지의 논제를 살펴보면, "현장학습에서 교복을 입어야 하나? 자유복을 입어야 하나?" "국가개입주의와 자유방임주의" "이 고쳐 선생은 용감한 의사인가 미련한 의사인가?" "왕따는 당사자의 책임인가? 친구들의

잘못된 생각에서 비롯되는가?" "부모님의 잔소리는 약인가 독인가?" 등
등 다양한 주제에 대해 이야기를 해 보았다. 친구들의 의견을 들으며 '이
렇게 생각할 수도 있구나' 라고 생각해 보기도 하고 어떠한 문제에 대해
친구가 제시한 해결방법에 대해 감동을 받기도 했다. 내가 작성한 토론노
트를 다시 볼 때, 가장 먼저 보게 되는 부분은 책에서 읽은 인상 깊은 글
귀이다. 책 읽을 때의 감동을 다시 한 번 느끼게 되는 것 같다.

***6학년 안덕규 – 하면할수록 독서토론이 재미있어 졌어요.**

처음에 선생님이 독서토론을 제안했을 때는 다른 친구들과 마찬가지로
하기 싫어서 '아' 하며 탄성을 질렀지만 점점 독서토론이 재미있어지고,
기다려지고 나중에는 갑자기 '아, 토론하지' 라고 생각이 나기도 한다.
독서토론은 재미없어 보이지만 하다보면 무척 재미있어지게 된다. 그런
데 독서토론을 할 때 난 여전히 언제 이야기를 해야 하는지 타이밍을 못
맞추겠다. 우리 팀이 반론을 할 때 내가 반론을 할 수 있는데, 동시에 다
른 친구가 반론을 하면 내가 많이 창피했었다. 갑작스럽게 말하면 주변
친구들이 날 쳐다보아서 창피해진다. 다시 말해 발표부담감이 있는 것이
다. 그래서 타이밍을 잘 맞추고, 부담감을 줄이려고 다짐하고 노력 중이
다. 토론 활동지에 선생님이 내주시는 문제가 재미있다. 앞으로도 적극적
으로 참여할 것이다.

***6학년 이지수 – 글쓰기 실력도 늘고 내용이 기억에 오래 남아요.**

독서토론으로 인해 뜸해지던 독서도 다시 시작하게 되었다. 그리고 토론

을 통해 논리, 논술부분의 실력도 늘게 된 것 같다. 무엇보다 토론 활동지를 작성하기 위해 책을 한 번 더 읽고, 기억하며 쓰게 되니 기억력도 늘고, 책의 내용과 의미도 다른 책을 읽었을 때 보다 기억에 오래 남는 것 같다. 6학년을 마치고, 독서토론이 마무리될 때, 얼마나 많은 책을 읽었을지 기대가 된다. 독서토론은 여러 가지 좋은 점이 있는 만큼 열심히 할 것이다.

＊6학년 방현식 – 여러 책을 통해 교훈을 얻었어요.

책을 읽고 독서토론을 하며, 어떤 일을 결정할 때 30초만 더 생각하는 규칙에 대해 《마시멜로 이야기》를 통해 알게 되었고, 《마법의 설탕 두 조각》을 읽으며 부모님의 잔소리가 꼭 귀찮고 짜증나는 것이 아니라 하고 싶은 것을 절제하고 내가 잘못한 것을 바로 잡을 수 있게 한다는 것을 알게 되었다. 그리고 또 《마당을 나온 암탉》을 읽으며 부모님이 나를 얼마나 사랑하시는지 알게 되었다. 독서토론을 하며 내가 많이 변화되고 있음을 느낀다.

＊6학년 조정윤 – 책을 보다 꼼꼼하게 읽게 되었어요.

처음 독서토론을 한다는 얘기를 들었을 때 '아, 뭐야! 그딴걸 왜 하는 거야?' 라는 생각부터 들었다. 어떤 토론이든 토론은 엄청 싫어했던 나로서는 완전 짜증나는 소식이 아닐 수 없었다. 더구나 독서토론 책 목록을 보니 내가 갖고 있는 책은 두세 권 밖에 없어서 늘 동네 서점에 책을 사러가야 했다. 그런데 동네 서점에 책이 없어 저 멀리 역 근처 서점까지 다녀와야 했다. 게다가 최고 난관은 바로 워크시트 작성이었다. 토론하는 만큼이나 글 쓰는 것도 싫어했던 나는 워크시트 작성이 너무 싫었다. 이러니 독서토론에 호감이 생길 리가 없었다.

그런데 막상 독서토론을 시작하고 보니 생각이 차츰 바뀌어갔다. 생각보다 독서토론은 재밌었고 처음 보는 책들은 나를 즐겁게 했다. 친구들이 적극적으로 참여해서 토론은 흥미진진했다.

내가 생각하는 독서토론의 장점은 책을 그냥 읽을 때 보다 훨씬 더 많은 생각을 하게 해 주고, 워크시트 작성을 위해 인물의 의견, 생각, 가치관, 책이 우리에게 주고자 하는 교훈 등을 찾아내야 하는 경우가 많아서 책을 꼼꼼하게 읽고 생각을 깊게 해야 할 때가 많았다는 점이다.

'모든 학습의 기초는 책 읽기이다' 라는 말이 있다. 처음 시작은 별거 없었지만, 아이들에게 시간이 지날수록 책을 통한 지식이 쌓이고 쌓이면서 책에 대해 지루하다는 편견이나 고정관념이 깨지게 되었고, 토론에 대한 안 좋은 이미지가 조금씩 사라져가고 있다. 이것은 변화의 시작이라 생각한다. 나는 이러한 변화에 만족한다.

2

독서토론의 실제
《이 고쳐 선생과 이빨투성이 괴물》

책의 개요

이 고쳐 선생님은 치과의사이다. 그런데 그는 "안 돼요"라는 말을 하지 못하는 결점이 있다. 어느 날 동물 사육사 우리 씨로부터 동물의 치통을 고쳐달라는 부탁을 받는데 동물의 이빨이 만 개나 된다는 것이다. 이 고쳐 선생님은 이빨이 만 개나 되는 동물을 상상하며 걱정하게 된다. 분명 거대한 괴물 같은 동물이 치과를 내원할 거라 생각한 이 고쳐 선생은 괴물이 난동을 부릴 것을 대비하여 자동차의 보닛과 문짝을 치과 진료실에 붙이고, 자신은 갑옷

책 소개 – 《이 고쳐 선생과 이빨투성이 괴물 (롭 루이스 글.그림 김영진 옮김) 시공주니어》

을 빌려 입는다. 또한 천장에는 텐트를 설치하고, 냉장고에는 괴물의 배고픔을 달려줄 고기를 준비했다. 동네사람들은 이 고쳐 선생이 주민들이 이용하는 치과에서 의료 기구를 사람이 아닌 동물에게 치료한다고 시위를 했다.

진료예약 당일, 우리 씨가 치과를 찾았을 때 이빨이 만 개가 되는 동물은 다름 아닌 달팽이였다. 희귀한 열대 달팽이의 충치를 치료해 주며 이 이야기는 끝이 난다. 두렵고 어려운 일임에도 끝까지 포기하지 않고 진료를 한 이 고쳐 선생의 모습을 보며 용기를 배울 수 있는 동화였다.

책 내용 확인 문제

❶ 이 고쳐 선생이 진료하게 될 동물은 이빨이 몇 개나 됩니까?

(정답 : 만 개)

❷ 이 고쳐 선생이 동물을 치료한다고 했을 때 동네 사람들이 반대를 많이 했습니다. 왜 반대 했나요?

(정답 : 까탈부인은 깨끗이 소독된 의료기구들이 동물의 입에 들어간다고 생각하니 불결하다고 하여 사람들을 모아서 시위를 했습니다.)

❸ 이 고쳐 선생님은 동물의 진료를 위해 많은 물품들을 구입했습니다. 어떠한 것을 구입했고 왜 구입을 했습니까?

(정답 : 자동차 문짝과 보닛, 텐트, 고기 등 치과 진료실에서 동물이 난동을 부릴 경우 물품들이 망가질 수 있음을 대비하여 물품들을 구입해 만약의 사태에 대비했습니다.)

　　＊부모가 아이에게 동화구연을 해주다가 책의 47페이지까지만 읽어주고 멈춘다. 그리고 아이에게 종이와 펜을 주고, 과연 '이빨 투성이 괴물'은 어떤 동물일지 상상하며 그림을 그려보도록 한다. 그리고 왜 그렇게 그렸는지 설명해 보도록 한다.

　　＊이 고쳐 선생에게 격려의 편지를 써보도록 한다.

독서토론 워크시트

❶ 논제 :

　　이 고쳐 선생은 걱정과 두려움 속에서도 이빨 큐티쿨라이 만 개나 되는 달팽이의 충치를 치료해준 용감한 의사인가? 정중히 거절하지 못하고 갑옷을 입고 진료실을 보닛과 문짝으로 붙이며 진료를 기다린 미련한 의사인가?

용감한 의사라고 생각한다.	미련한 의사라고 생각한다.
왜냐하면 1. 2. ⋮	왜냐하면 1. 2. ⋮

❷ **경험 나누기** :

나도 이 고쳐 선생처럼 "안돼요" 라고 용기 있게 말하지 못해 어쩔 수 없이 일을 하게 된 경우를 생각해보고 적어본다. 또한 만약 내가 이 고쳐 선생이었다면 어떻게 했을까?

❸ **토의 문제** :

이 고쳐 선생처럼 거절을 잘 하지 못하는 사람이 현명하게 거절하는 방법에는 어떤 것이 있는지 생각해 본다.

❹ **이 책의 주제는 무엇일지 생각해 본다.**

❺ **가장 인상적인 글귀**

❶ → 이 고쳐 선생은 용감한 의사이다.

첫째, 이빨이 만 개나 된다는 동물에 대한 두려움이 있었음에도 불구하고 자리를 지키고 충치를 치료한 것은 용기 있는 행동이라고 생각한다.

둘째, 이 고쳐 선생이 겁쟁이였다면 진료예약을 잡아놓고, 이 핑계 저 핑계 대며 빠져나갈 궁리만 했을 것이다. 그러나 나름의 해결방안을 모색하여 대형텐트, 고기, 갑옷 등을 준비하여 상황을 피하지 않고 정면으로 맞섰다는 점에서 용기 있다고 생각한다.

→ 이 고쳐 선생은 미련한 의사이다.

첫째, 이빨이 만 개나 되는 동물의 충치를 고쳐준 것은 용기 있는 행동이라기보다, 인기 있는 치과의사로서 체면을 지키기 위한 행동이라고 생각한다. 거절하지 못한 상황에서 정체불명의 동물을 고치기 위해 갑옷을 입고 여러 장비들을 준비한 것을 보면 용기 있는 행동이기 보다 고쳐야 한다는 의무감과 체면에서 비롯된 행동이라고 생각한다.

둘째, 우리 씨에게 전화를 걸어 이빨이 만 개나 되는 동물이 어떠한 동물인지 미리 사전정보를 파악하지 못하고 스스로 상상하며 염려하고 걱정하는 모습은 미련한 행동이라고 생각한다.

❷ 이 고쳐 선생처럼 거절을 잘 하지 못하는 사람이 현명하게 거절하는 방법에는 어떤 것이 있는지 생각해 보자.

→ 먼저 자신의 상황을 용기 있고, 진실 되게 이야기 하고 도와주지

못함에 미안함을 표시한다.

만약 내가 이 고쳐 선생이었다면 어떻게 했을까?

첫째, 우리 씨를 찾아가 어떠한 동물인지 멀리서 바라본다든지, 사진을 통해 확인했을 것이다. 둘째, 우리 씨에게 전화를 걸어 어떠한 동물인지 물어봤을 것이다.

❸ → 나는 글짓기에 소질도 없고 힘들어 하는데, 학교 선생님이 대회에 참가하라고 하셨을 때, 미처 거절은 하지 못하고 "네"라고 대답한 후, '어떻게 해야 하나?' 하고 마음앓이를 한 적이 있다.

→ 버스를 타려고 줄을 섰는데, 나이 드신 할머니가 자연스럽게 새치기를 하면서 "먼저 탈게"라고 하시며 서시는데 차마 "안돼요"라고 말하지 못하고 기분이 언짢은 적이 있었다.

❹ → 직접 해보지도 않고, 미리 걱정하는 나약한 사람들에게 당당하게 정면 대응해라. 어떠한 일이든 용기를 가지라고 말하는 것 같다.

❺ → 책을 읽으면서 이빨이 만 개가 되는 대단한 괴물을 생각했던 나의 예상을 뒤집는 부분이었다. 그리고 이 고쳐 선생 역시 자신의 모습이 부끄러워 황급히 옷을 벗는 장면에서 웃음이 터졌다.

3

독서토론의 실제
《아낌없이 주는 나무》

책의 개요

나무에게는 사랑하는 소년이 있었어요. 나무는 소년에게 그네타기도 시켜주었고, 사과도 주었고, 숨바꼭질 놀이도 했습니다. 그리고 때로는 그늘아래 단잠을 자게 했습니다. 시간이 지나 소년이 어른이 되어 돈이 없다고 나무를 찾아왔을 때, 나무는 사과를 모두 주었고, 집이 필요할 때는 가지와 잎을 주었습니다. 그리고 배가 필요하다고 소년이 찾아왔을 때, 나무는 줄기를 베어 주었습니다. 소년이 노인이 되어 찾아 왔을 때 나무는 소년의 그루터기가 되어 주었습니다. 아낌없이 소년에게 모든 것을 준 나무는 행복했습니다.

책 소개 – 《아낌없이 주는 나무(쉘 실버스타인 글, 그림 이재명 옮김, 시공주니어)》

책 내용 확인 문제

❶ 소년이 돈이 필요하다고 나무를 찾아왔을 때 나무는 무엇을 주었나요? → 사과. 사과를 도회지에서 팔아 돈을 벌 수 있게 나무에 열린 사과를 다 주었어요.

❷ 나무는 소년에게 아낌없이 모든 것을 다 주었는데 너무 행복했습니다. 왜 그랬을까요? → 나무는 소년을 많이 사랑해서

❸ 소년이 배가 필요하다고 나무에게 찾아왔을 때, 나무는 무엇을 소년에게 주었나요? → 줄기

독서활동

＊시간이 지나면서, 소년에게 무엇인가를 계속 주면서 나무의 모습은 차츰 변해갔어요. 나무의 처음 모습과 그 변해가는 과정을 그림으로 나타내어 봅시다.

＊아낌없이 주는 나무와 소년에게 짤막한 편지를 써 봅시다.

독서토론 워크시트

❶ **논제** :

나무는 소년이 어린 시절부터 노인이 될 때까지 자신의 모든 것을 내어주며 헌신적으로 소년을 사랑했습니다. 그런데 소년은 노인이 될 때까지 나무에게 무언가를 바라고 요구하는 행동을 합니다. 과연 나무의 행동은 소년에게 잘한 것일까요? 잘못한 것 일까요?

나무의 행동은 잘한 것이다.	나무의 행동은 옳지 않은 것이다.
왜냐하면 1. 2. ⋮	왜냐하면 1. 2. ⋮

❷ 경험나누기 :

(1) 친구의 잘못된 행동을 보고 친구의 마음이 다치지 않게 말을
하고 고쳐준 경험 또는 비슷한 상황을 적어보도록 합시다.

(2) 내가 친구나 주위 사람들에게 무언가를 받아서 기쁜 것이 아
니라 무언가를 주었기 때문에 더 기뻤던 경우를 적어봅시다.

❸ **토의 문제** :

감사할 줄 모르는 아이에게 어떻게 감사함을 가르칠 수 있을까요?

만약 여러분이 소년의 부모라면 어떻게 지도해야 할까요?

❹ **문장 완성** :

여러분이 생각하는 사랑에 대한 정의를 내려 보도록 합시다.

'사랑이란 __________ 이다. 왜냐하면 __________________ 때

문이다.'

❺ 우리 주위에는 어떠한 대가를 바라지 않고 남을 돕는 사람들이 참

많습니다. 어떠한 사람들이 어떻게 주위 사람들을 돕고 있는지 적어봅

시다.

❻ 가장 인상적인 글귀

《아낌없이 주는 나무》 책 이야기 답안예시

❶ • **나무의 행동은 잘한 행동이다.**

– 부모와 같이 소년을 끝까지 믿어주고 부족한 것을 채워주었기 때문이다.

– 나무는 주는 것이 행복했고, 소년은 든든한 친구인 나무가 있어 행복했기에 잘한 행동이다.

• **나무의 행동은 옳지 않은 행동이다.**

– 소년이 나이가 들도록 스스로 살아갈 수 있는 힘을 가지지 못한 것은 나무가 모든 것을 다 주었기 때문이다.

– 모든 것을 다 주는 것만이 소년을 사랑하는 것은 아니다.

❷–(1) 친구가 다른 사람의 물건에 손을 대는 것을 본 적이 있었어요. 친구한테 "그러면 안 돼" 라고 말하고 싶었는데 용기가 나지 않았어요. 그런데 제가 어느 날 지우개가 없어서 친구에게 빌리려 했는데, 친구가 화장실에 갔었어요. 그래서 친구가 돌아온 후 "지우개가 필요했는데, 네가 없어서 손댈 수 없었어. 허락 없이 남의 물건에 손대면 안 되잖아" 라고 이야기 해준 후 친구도 함부로 남의 물건에 손대지 않는 것 같았어요.

❷-⑵ - 친구가 버스비가 없어서 이리저리 친구들에게 빌리려 할 때, 제가 나서서 먼저 빌려주었어요. 친구도 고마워하고 저도 기뻤어요.

- 시험 치는 날, 친한 친구가 지우개가 없을 때 제 지우개를 반으로 잘라 친구에게 주었어요. 받는 것보다 주는 것이 더 기쁜 경우였어요.

❸ 나무가 소년에게 무언가를 아낌없이 주면서, "너도 다른 사람에게 무언가를 아낌없이 줄 수 있는 사람이 되었으면 좋겠어"라고 이야기를 했다면 소년은 나무가 준 것을 감사히 여기고 더 많은 것을 얻으려고 노력했을 거예요.

❹ 사랑은 무언가를 바라지 않고 주는 것이에요. 왜냐하면 나무가 소년을 사랑한 것은 아무것도 바라지 않았기 때문이에요. 이처럼 사랑은 어떠한 대가를 바라지 않고 주는 것이에요.

❺ 저희 엄마는 매주 금요일에 혼자 사시는 노인 분들의 점심식사를 드리기 위해 복지관에 가서서 봉사활동을 하세요. 저도 예전에 엄마랑 함께 봉사활동을 간 적이 있는데, 손과 어깨가 아플 정도로 반찬과 밥을 나르는 일을 했어요. 엄마는 아무런 댓가없이 하는 봉사활동이지만 어르신들이 즐거워하는 모습을 보는 것이 너무 행복하다고 하셨어요.

❻ 나무는 자신의 모든 것을 아낌없이 소년에게 주었는데, 더 이상 줄 것이 없음을 마음 아파 함에 놀랐다.

4

독서토론의 실제
《까막눈 삼디기》

책의 개요

본명이 '엄상덕'인 아홉 살 소년 '삼디기'는 초등학교 2학년이지만 글을 쓰지도 못하고 읽을 줄도 모른다. 그래서 '까막눈 삼디기'라고 불린다. 아빠는 세 살 때 몹쓸 병으로 돌아가셨고 엄마는 돈 벌러 나간 후 소식이 끊겨 할머니와 살고 있다. 학교에서는 삼디기의 내면의 상처들이 행동으로 나타난다.

책 집어던지기, 큰소리치기, 학용품 두드리기, 연필로 책에 줄긋기 등 친구들로 부터 미움 받을 행동을 많이 한다. 수학 시간, 받아쓰기 시간 그리고 친구들 사이에서도 삼디기는 늘 외면받기 일쑤였다. 그런

책 소개 – 〈까막눈 삼디기(원유순 글 이현미 그림), 웅진주니어〉

데 삼디기의 평강공주 연보라가 통영에서 전학을 온다. 모두가 싫어하는 삼디기의 짝이 된 연보라는 삼디기가 글을 읽지 못하는 것을 알고 여러 권의 책을 읽어준다.

원래 삼디기는 받아쓰기 시험에서 2~3자 정도 밖에 쓰지 못했는데 보라의 관심과 노력으로 비록 맞춤법은 틀렸지만 많은 글자를 쓰는 발전을 이루게 된다. 비록 0점이지만, 보라는 앞에 '10'을 덧붙여 100점이라고 써준다. 보라는 선생님께 자초지종을 이야기 하며, 비록 정확히 맞는 문장은 아니지만 열심히 노력한 삼디기에게는 100점이나 다름없는 점수임을 인정하게 한다.

책 내용 확인 문제

❶ 왜 친구들은 까막눈 삼디기라고 놀렸을까요? ➡ 글을 읽을 수 없었기 때문이다.

❷ 보라는 왜 0점 시험지에 10을 더해서 100점이라고 표기 했을까요? ➡ 삼디기가 동화책을 읽고 열심히 노력한 것을 알기에 비록 맞춤법은 틀렸지만 삼디기의 노력은 100점을 받을 자격이 된다고 생각해서이다.

❸ 삼디기가 교실에서 책을 소리 내어 읽을 때 친구들은 어떻게 했습니까? ➡ 삼디기가 막히는 부분에서 삼디기의 마음이 상하지 않도록 하기 위해 작은 목소리로 알려주었다.

＊만약 여러분이 삼디기라면, 어땠을까요? 무척 학교 다니기가 힘들었을 것입니다. 내가 삼디기라고 생각하고 주위의 친구들에게 편지를 써보도록 합시다.

독서토론 워크시트

❶ 논제 :

삼디기처럼 교실에서 왕따를 당하는 학생이 있다. 왕따는 당사자의 말과 행동이 잘못되었기 때문에 생기는 것인가? 아니면 주위의 친구들의 잘못된 편견과 생각에서 비롯된 것인가?

왕따 당사자의 책임에서 비롯된다.	주위 친구들의 잘못된 생각에서 비롯된다.
왜냐하면 1. 2. ⋮	왜냐하면 1. 2. ⋮

❷ 경험나누기 :

삼디기의 평강공주 연보라가 없었다면 삼디기는 글도 제대로 배우기 힘들었을 것이고, 학교생활의 적응도 계속 힘들었을 것이다. 이와 같이, 왕따 학생을 잘 이해하고 보살펴 주며 친구들과 잘 지낼 수 있도록 이끌어준 친구나 또는 비슷한 이야기를 적어보자.

❸ **상상하기** :

만약 여러분이 왕따를 당한다면 어떻게 상황을 헤쳐 나갈 것인가?

❹ **토의 문제**

(1) 왕따 학생에게 우리는 어떻게 행동하는 것이 현명한 것일까?

(2) OECD 국가 중 우리나라 청소년의 자살률이 1위라는 보도가 있었다. 자살의 원인을 살펴보면 왕따, 학교폭력이 많은 부분을 차지하고 있다고 한다. 이를 막기 위해 국가에서는 어떠한 정책을 펼치면 좋을까?

❺ 가장 인상적인 글귀

독서토론 정답 예시

❶ 왕따 당사자의 책임에서 비롯된다.

– 삼디기처럼 다른 사람 노트에 연필로 줄을 긋거나 소리를 지르는 등 다른 사람에게 피해를 주었기 때문이다. 즉 왕따 당사자의 잘못된 행동이 문제를 일으켰기 때문이다.

– 당사자가 나쁜 말과 이상한 행동을 많이 함으로써 다른 친구들에게 혐오감이나 피해를 주게 되는 경우가 많다.

– 당사자가 특별한 잘못을 하지 않더라도, 마음의 문을 열지 않거나 너무 소극적이면 자연스레 친구들이 멀리 대하게 되는 경우가 있다.

주위 친구들의 잘못된 생각에서 비롯된다.

- 장점이 많이 있는 친구임에도 단점만을 찾아 그 친구를 좋지 않은 시선으로 보고 왕따시키는 경우를 보았다. 사람은 누구나 단점은 한 가지 이상 가지고 있음을 알고 인정해야 한다.

- 자기 자신이랑 다름을 이상하다고 판단하고 편견을 가지며 왕따를 시키는 경우가 많다. 다양성과 차이를 인정하지 못하고 무리를 지어 군중심리로 왕따시키는 경우를 많이 본다.

- 아무런 잘못이 없고 다른 친구들에게 피해를 끼치지 않아도 왕따가 된 경우를 본적이 있다. 이것은 주위 친구들의 편견과 색안경으로 인해 왕따가 된 경우이다.

❷ 경험나누기

→ 3학년 때, 우리 반에 한 학생이 전학을 왔는데 소극적인 편이어서 한 달 넘게 외롭게 학교생활을 하는 친구가 있었다. 그런데 우리 반 반장이 그 학생에게 다가가서 먼저 말을 걸어주고, 함께 다니면서 학교생활에 잘 적응할 수 있도록 도와주었다.

❸ 상상하기

→ 나에게 무슨 문제가 있는지 뒤돌아보고, 아이들과 진솔하게 이야기를 나누어 본다. 또한 선생님과 어른들에게 나의 어려움을 이야기하고 해결책에 대한 충고를 들어보도록 한다.

→ 적당히 무시해 버리거나 상황이 심각해지면 부모님이나 선생님

께 말씀드린다.

❹ 토의문제

➡ (1) 왕따를 당한 학생이 어떠한 이유로 그렇게 되었는지 생각해 보고 무조건 피하기보다는 그 친구를 도와주도록 용기를 낸다. 사람의 장점을 먼저 보려고 노력해야 한다. 또한 편견 없이 그 친구를 있는 그대로 인정해야 한다.

(2) 왕따와 학교폭력을 당한 아이들의 공통점을 파악한다. 즉 원인 분석을 한 뒤 적절한 조치를 취하도록 한다. 또한 상담 프로그램이나 사회적응 프로그램들을 운영하도록 한다. 가해자에 대한 처벌과 피해자에 대한 보호가 강화되어야 한다.

❺ 인상적인 글귀

– "가만, 이거 봐. 삼디기 빵점 아니다."
– "뭐, 정말?"
– "빵점은 한 글자도 못써야 빵점이제, 잘 봐, '아' 자 '가' 자 '다' 자 세 글자 맞았잖아."

독서토론의 실제
《마법의 설탕 두 조각》

책의 개요

책의 주인공인 렝켄은 참 착한 여자 아이이다. 그런데 고민이 생겼다. 엄마, 아빠는 렝켄의 말을 잘 들어주지 않는다는 것이다. 아이스크림이 먹고 싶어 아빠에게 돈을 달라고 하면 "안 돼, 두 개나 먹었잖아. 많이 먹으면 배탈 나", 엄마에게 신발을 빨아달라고 하면 "네가 해. 이제 다 컸잖아" 라고 으름장을 놓는다. 휴가를 바다로 가고 싶다고 하면, 산으로 가고 말이다.

렝켄은 고민 끝에 요정을 찾아가기로 결심한 후 경찰아저씨의 도움을 받아 요정의 집으로 갔다. 요정의 집에서 특이한 점은 시간은 항상

책 소개 −《마법의 설탕 두 조각 (미하엘 엔데 글, 진드라 차페크 그림,유혜자 옮김) 소년한길》

12시를 가리킨다는 것, 요정은 손가락이 여섯 개라는 것이었다. 렝켄은 요정에게 자신의 고민을 이야기 했다. 그리고 나 혼자 엄마, 아빠 두 사람을 상대하려니 힘들고 나보다 엄마, 아빠가 키가 작으면 둘이라도 문제가 심각하지 않을 것 같다고 이야기 했다. 그러자 요정은 렝켄에게 각설탕 두 개를 건네주며 다음과 같이 말했다.

"엄마, 아빠가 이 각설탕을 먹고 렝켄 너의 말을 듣지 않으면 엄마 아빠의 키는 매번 절반으로 계속 줄어들 거야."

집으로 돌아온 렝켄은 엄마, 아빠 몰래 찻잔에 각설탕을 넣었다. 그후, 상상하던 일이 현실이 되었다. 만화영화를 보고 있던 렝켄에게 아빠가 채널을 뉴스로 맞추자 아빠의 키가 반으로 줄어들었다. 렝켄은 걱정하기는커녕 웃음을 터트렸다. 엄마는 병에 걸린 것이라며 의사의 왕진을 요청하려하자 렝켄이 병이 아니라고 주장했다. 그러나 엄마가 렝켄의 말을 듣지 않고 전화기를 들자, 엄마의 키도 절반으로 줄어들었다. 렝켄은 엄마, 아빠가 자신의 말을 들어주지 않아서라고 이야기 했지만, 부모님은 믿지 않았다.

"지금은 첨단과학의 시대야. 말도 안 되는 소리야."

렝켄이 난쟁이처럼 변한 부모님의 모습을 사진기에 담으려 하자 엄마, 아빠가 강하게 반대했다.

"넌 우리를 웃음거리로 만들 거야! 절대 안 돼!"

그러자 부모의 키는 다시 절반으로 줄어들었다. 렝켄의 말을 반대하고 듣지 않은 끝에 아빠는 11.5센티미터, 엄마는 10.5센티미터까지 키가 줄었다. 결국 렝켄은 요정을 찾아갔던 이야기부터, 각설탕 이야기까지 엄마, 아빠에게 이야기를 하고 부모님은 현실을 인정하게 되었다. 렝켄의 집 현관문은 문이 닫히면 자동으로 문이 잠기게 되어 있었고 렝켄은 단 한 번도 집 열쇠를 가지고 다닌 적이 없었다.

어느 날 렝켄이 밖에 나가 놀고 저녁에 돌아왔을 때, 현관문이 잠겨 있었다. 엄마, 아빠는 장식장 안에 넣어 두어서 문을 열어줄 사람은 없었다. 렝켄은 배가 고팠지만 엄마는 음식을 만들 수도 없었고, 돈은 한 푼도 없었다. 모든 것이 절망스러웠다. 렝켄은 엄마, 아빠가 원하는 대로 해주었다면 이런 일이 일어나지 않았을 거라 생각했다.

현관문 앞으로 종이 한 장이 날아왔다. 요정이 렝켄과 이야기 하고 싶어 한다는 편지였다. 종이비행기를 접어 날리니 비행기가 요정이 있는 곳으로 안내했다. 성냥갑 속에 들어갈 만큼 작아진 엄마, 아빠 그리고 비참한 렝켄의 현실이 놓여 있었다. 렝켄은 방법을 찾고 싶었다. 요정은 렝켄에게 말했다.

"우리가 처음 만나 상담했을 때로 시간을 돌릴 수 있어. 각설탕을 찻잔에 넣기 전 말이지. 그런데 문제는 그 설탕은 네가 직접 먹어야해. 만약 네가 설탕을 다른 곳에 버린다면 이미 정해진 사람 즉 엄마 아빠에게 돌아가게 되어 있어."

렝켄은 걱정스레 답했다.

"만약 제가 각설탕을 먹고 엄마 아빠 말을 듣지 않으면 키가 작아지는 군요."

렝켄은 고개를 떨어뜨리며 갈등하게 되었다. 고민 끝에 렝켄은 시간을 돌리기로 결정했다.

거실에 찻잔이 놓여 있고 렝켄의 손에는 두 개의 각설탕이 쥐어져 있었다. 렝켄은 각설탕을 깨물어 먹었다. 그리고 그 순간부터 엄마, 아빠 말에 순종하기 시작했다. 만약 거역하면 키가 작아진다는 것을 눈으로 보았고 잘 알고 있기 때문이었다.

엄마, 아빠는 렝켄의 순종적인 모습이 계속되자, 무슨 문제가 있는 아이처럼 바라보기 시작했다. 엄마, 아빠의 걱정스러운 말에 렝켄은 요정과의 만남에서 각설탕 이야기까지 진솔하게 말했다. 그러자 엄마, 아빠는 문제를 해결했다. "설탕은 우리 몸에 소화되게 되어 있고 근육이 움직일 때 제일 먼저 없어지지. 그러니 벌써 체내에서 빠져나갔을 거야." 며칠 후 렝켄이 아빠의 말에 거역했을 때도 렝켄에게는 아무런 변화가 없었다. 가족들은 모두가 부둥켜안고 기뻐했다.

책 내용 확인 문제

❶ 렝켄이 요정을 찾아갔을 때, 요정은 렝켄에게 각설탕 두 조각을 주었습니다. 부모님이 이것을 먹으면 어떻게 된다고 했나요? ➜ 키가 절반으로 줄어든다.

❷ 처음에 아빠의 키가 절반으로 줄어들었을 때, 렝켄의 기분은 어떠했나요?

➜ 재미있어서 웃음이 터질 정도로 좋아했다.

❸ 렝켄은 요정의 집을 누구에게 물어보았나요? ➜ 경찰관

❹ 렝켄의 남자 친구 마크가 고양이를 데려왔습니다. 그때 난쟁이가 된 엄마, 아빠는 쇼파밑에서 고양이와 눈을 마주치고 많이 놀랐습니

다. 어떻게 고양이를 쫓아냈나요? ➡ 가위로 고양이의 수염을 잘랐다.

❺ 렝켄이 요정을 두 번째 찾아갔다가, 다시 현실로 돌아왔을 때 렝켄은 각설탕을 자기가 먹었습니다. 그 후로 렝켄은 엄마, 아빠의 말에 순종하게 되었습니다. 왜 그랬나요? ➡ 엄마, 아빠의 말을 듣지 않으면 렝켄 자신의 키가 작아진다는 것을 알았기 때문이다.

독서활동

유튜브You tube에서 〈잔소리송〉을 검색해 봅시다. 부모님과 함께 영상을 보고 느낀 점을 말해 보도록 합시다.

독서토론 워크시트

■ **토의 문제** :

❶ 초등학생인 우리에게 부모님의 잔소리는 약이 될까요? 독이 될까요?

부모님의 잔소리는 약이다.	부모님의 잔소리는 독이다.
왜냐하면 1. 2. ⋮	왜냐하면 1. 2. ⋮

＊토론에 앞서 '잔소리'에 대한 정확한 정의를 내릴 필요가 있습니다. 사전적 의미의 잔소리란 1. 쓸데없이 자질구레한 말을 늘어놓음. 또는 그 말. 2. 필요 이상으로 듣기 싫게 꾸짖거나 참견함. 또는 그런 말.

❷ **경험 나누기** :

렝켄의 부모님처럼 우리 부모님이 나의 의견에 반대하는 때는 어떠한 경우입니까?

❸ **토의 문제** :

부모님께서 내가 원하는 것을 들어주지 않을 때 우리는 어떻게 하는 것이 현명한 방법일까요?

❹ 만약 부모님의 잔소리가 없다면 우리는 어떻게 될까요? 그럼 부모님의 잔소리를 대하는 우리의 마음가짐과 태도는 어때야 할까요?

❺ 만약 여러분에게 마법의 각설탕이 생긴다면 어떻게 하고 싶습니까? 누구에게 먹이고 싶나요? 왜 먹이고 싶죠?

❻ 우리 부모님의 대표적인 잔소리는 무엇입니까? 왜 부모님은 계속 똑같은 잔소리를 반복해서 하실까요? 그렇다면 잔소리를 듣지 않기 위한 나의 전략도 써보도록 합시다.

❼ 내가 부모라면 아이를 어떻게 키우고 싶나요?

❽ **가장 인상적인 글귀**

《마법의 설탕 두 조각》 독서토론 답안예시

❶ • **부모님의 잔소리는 약이다** - 왜냐하면 자녀를 올바른 방향으로 인도하기 위한 애정이 담겨있기 때문이다. 또한 아이의 잘못된 것을 지적해 주기 때문이다.

• **부모님의 잔소리는 독이다** - 한 번 두 번 들으면 괜찮지만 반복해서 듣게 되면 짜증나고 화가 나며, 어떠한 일에 집중할 수 없게 만든다.

❷ 책에 나오는 렝켄의 경우처럼, TV에서 만화를 보려고 하면, 부모님은 뉴스로 채널을 돌리신다. 또한 게임을 하려고 하면 부모님은 무조건 반대하신다.

❸ 부모님과 진지하게 대화를 해서 어떠한 규칙을 정하도록 한다.

❹ 부모님의 잔소리가 없는 것은 무관심한 것이라는 생각이 든다. 무

관심은 애정이 없다는 것과도 같다. 따라서 부모님의 잔소리를 떠올리며, 미리 능동적으로 움직이며 행동하는 것을 습관화 한다.

❺ 나에게 요정이 준 마법의 각설탕이 생긴다면 렝켄처럼 내가 먹고 싶다. 자꾸 부모님의 말에 삐뚤게 행동하게 되기 때문이다. 나는 내 동생에게 먹이고 싶다. 늘 자기 맘대로 행동하는 동생이 얄미워서 한 번 혼내주고 싶기 때문이다.

❻ "이젠 TV그만 보고 공부 숙제 해야지"이다. 늘 저녁 먹고 잠깐 휴식을 취하는 내 모습을 보기 힘드신지 매일 저녁에 듣는 잔소리이다. 엄마는 내가 걱정이 되어서 잔소리를 하시는 것 같다. 그런데 들을 때마다 짜증이 나니, 다음부터는 30분 정도 휴식을 취한 후, 방으로 들어가서 숙제를 하면 기분 좋게 공부를 할 것 같다.

❼ 내가 부모라면 아이의 말에 귀 기울이기는 부모가 되고 싶다. 무엇을 하고 싶고, 무엇을 좋아하는지 관심을 갖고 들으려 할 것이다. 그리고 '해야 되는 것'을 최소한으로 줄이고 자유롭게 할 수 있는 자유를 주면서 키울 것이다.

❽ "네가 그 설탕을 직접 먹어야 해. 지금 당장. 그게 유일한 방법이란다."

– 렝켄이 다시 요정을 찾아갔을 때, 어떻게 사건이 전개될지 궁금했었는데 이 글귀를 보고 조금 놀라기도 하고 재미있기도 했다.

"만약에…, 네가 네 엄마, 아빠의 말을 절대로 거역하지 않으면 아무 일도 일어나지 않겠지. 그러면 괜찮아, 정말이란다."

독서토론의 실제
《조금만, 조금만 더》

책의 개요

열 살인 윌리는 감자농장을 운영하는 할아버지 그리고 번개라는 개와 함께 살고 있다. 어느 날 갑자기 할아버지는 침대에서 일어나지 못하게 된다. 윌리는 서둘러 의사인 스미스 선생님께 진료를 부탁한다. 선생님은 할아버지가 "마음의 병을 앓고 있다"고 말한다. 할아버지는 손바닥으로 의사표시 정도만 할 뿐, 움직이지도 말하지도 못하게 된다. 윌리는 할아버지를 대신에 창고정리를 하고, 번개와 함께 많은 양의 감자를 수확했다.

그런데 어느 날, 와이오밍 주 관리인 클리포드 스나이더라는 사람이

책 소개 – 《조금만, 조금만 더 (존 레이놀즈 가디너 글, 마샤 슈얼 그림, 김경연 옮김) 시공 주니어》

찾아와 농장세금 500달러가 수년째 미납되었고, 이를 지불하지 않으면 농장을 빼앗겠다고 이야기한다. 윌리는 그제야 할아버지의 병의 원인을 알게 되었다. 윌리는 은행장 포스터 씨를 찾아가 대출을 부탁하고, 선생님과 여러 어른들에게 자문을 구했지만 모두들 하나같이 농장을 처분하라는 충고를 해 줄 뿐이었다.

그러나 우연히 레스터의 가게에서 2월에 열리는 전국 개썰매 경주대회 광고지를 보게 된다. 우연히도 우승팀에는 500달러의 현금이 주어지는 대회였다. 윌리는 할아버지가 대학등록금을 위해 마련해준 50달러를 참가비로 내고, 대회출전을 결심한다.

주위사람들은 이번 대회에 전설의 '얼음거인'이 출전하기 때문에 우승은 불 보듯 뻔하다고 생각했다. 얼음거인은 인디언들을 자신의 고향으로 돌려보내기 위해 고향의 땅과 농장을 상금으로 사들이고 있었다. 대회에서 우승을 놓친 적이 없는 전설적인 얼음거인의 대회참가 소식이 전해지자 대회의 참가자는 고작 아홉 팀뿐이었다. 그러나 윌리는 할아버지를 위해 절대 포기할 수 없었다.

대회 하루 전날, 윌리는 개 짖는 소리를 따라 헛간에 들어갔다가 우연히 다섯 마리의 사모예드를 발견한다. 개들을 무척 사랑하는 윌리는 사모예드를 쓰다듬고 있었는데, 이때 누군가 윌리의 오른뺨을 세게 쳤고 윌리는 뒤로 넘어졌다. 얼음거인이었다. 거인은 자신의 개에게 해를 끼치는 줄 알았던 것이다. 윌리는 다른 뜻이 없었음을 밝히고, 내일 시합에서 자신이 반드시 이기겠다는 포부를 밝혔다.

대회 당일, 윌리는 전날 얼음거인에게 맞아 오른쪽 눈이 많이 부어

눈을 뜰 수 없었다. 그러나 많은 연습을 했고, 경로를 잘 아는 번개가 있었기에 걱정하지 않았다. 오직 한 마리의 개, 번개를 이끄는 윌리의 썰매가 출발했다. 윌리와 번개는 처음부터 앞서나갔다. 익숙한 길이고, 지름길을 택했기 때문에 일찍이 선두로 달렸다.

경기 후반부쯤 얼음거인 썰매가 윌리의 썰매를 따라잡았다. 엎치락 뒤치락 하며 박진감 넘치는 승부가 펼쳐졌다. 윌리는 "조금만, 조금만 더 번개!"를 외쳤고 번개는 조금씩 앞서갔다. 그런데 큰일이 벌어졌다. 결승선 30미터를 앞두고 번개의 심장이 멈췄고, 번개는 그 자리에서 죽고 말았다. 썰매와 윌리는 번개에 걸려 넘어져 미끄러지며 결승선 3미터 앞에 떨어졌다. 윌리는 번개를 껴안고 말했다.

"넌 정말 잘했어. 네가 자랑스러워. 이제 편히 쉬어 쉬면돼."

얼음거인은 썰매에서 내려 번개와 윌리의 모습을 옆에서 지켜보았다. 얼음거인은 눈 위에 선을 그은 다음 총을 쏘며, "이 선을 넘으면 누구든 쏘아버리겠다"고 이야기 한다. 모든 사람이 윌리를 지켜보는 가운데 윌리는 번개와 함께 마지막 3미터를 걸어 결승선을 통과 했다.

책 내용 확인 문제

❶ 윌리의 할아버지는 무슨 농장을 경영했습니까? ➡ 감자농장

❷ 클리포드 스나이더 와이오밍 주관리는 농장의 세금이 얼마가 밀려있다고 윌리에게 이야기 합니까? ➡ 500달러

❸ 윌리가 전국 개 썰매대회에 참가하기 위해 참가비 50달러를 지불합니다. 그 돈은 어떠한 돈입니까? ➡ 윌리의 할아버지가 윌리의 대학

등록금을 위해 마련해 둔 돈이다.

❹ 얼음거인은 지금까지 우승해서 받은 상금을 네 개의 농장과 24만 평이 넘는 땅을 샀습니다. 얼음거인은 어떠한 꿈을 가지고 있나요?

➡ 인디언들이 자신의 고향으로 돌아가는 것

❺ 대회 당일, 윌리는 오른쪽 눈이 부어서 눈을 뜨기 힘들었습니다. 왜 그랬습니까? ➡ 개를 무척 좋아하는 윌리는 대회 하루 전날, 우연히 헛간에서 발견한 사모예드를 귀여워 해 주다가 얼음거인이 해치는 것으로 오해해 오른뺨을 손으로 내리쳤기 때문이다.

❻ 윌리의 썰매는 마지막 결승선을 30미터를 앞두고 왜 갑자기 멈추었습니까? ➡ 번개의 심장이 멈춰 번개가 죽어버렸다.

❼ 윌리의 할아버지는 마음의 병을 앓으면서 말하지도, 움직일 수도 없었습니다. 그런데 어떻게 윌리의 말에 '그렇다, 아니다' 라고 대답했나요? ➡ 손을 뒤집어 침대위에 펼쳐 놓고 손바닥을 위로 하면 '그렇다.' 손바닥을 밑으로 하면 '아니다.'

독서활동

＊윌리의 썰매를 우승으로 이끈 번개에게 감사와 격려의 편지를 써 보도록 합시다.

＊비슷한 이야기 찾아보기-다윗과 골리앗의 이야기를 읽고《조금만, 조금만 더》와 비교하여 봅시다.

■ **토의 문제** :

❶ 결승선을 앞두고 눈 위에 누워있는 번개와 윌리를 바라보던 얼음거인은 눈 위에 긴 선을 긋고 "이 선을 넘는 사람은 누구든…내가 쏘아버리겠소"라고 이야기 합니다. 얼음거인은 왜 그러한 행동을 했을까요? 그리고 어떠한 감정을 느꼈을까요?

❷ 농장의 세금 500달러를 마련해 할아버지가 마음의 병에서 회복하기를 간절히 바라는 윌리와 번개. 결국 윌리와 번개는 목표를 달성하게 됩니다. 할아버지가 침대에서 일어나 윌리를 만난다면, 가장 먼저 어떠한 이야기를 할까요?

❸ 사전을 찾아보면 희생이란 '다른 사람이나 어떤 목적을 위하여 자신의 목숨, 재산, 명예, 이익 따위를 바치거나 버리는 것' 이라고 설명합니다. 여러분이 생각하는 희생에 대한 정의를 내려 보도록 합시다.

'번개의 희생은 __________ 이다. 왜냐하면 __________ 때문이다.'

❹ 마음의 병은 신체의 병으로 퍼져나가며, 삶의 의욕도 희망도 잃고 포기한 삶을 살아가게 됩니다. 마음의 병을 갖기 전에 걱정과 슬픔, 불행 등에 대해 어떻게 대처해야 이를 예방할 수 있을까요?

❺ **토론 문제** :

월리의 할아버지는 월리에게 존경받을 좋은 할아버지인가요? 그렇지 않은 할아버지인가요?

- 존경받을 좋은 할아버지이다. 왜냐하면~
- 존경받을 할아버지는 아니다. 왜냐하면~

❻ 경험나누기 :

'뜻이 있는 곳에 길이 있다' 라는 말이 있습니다. 이 말처럼 실제 여러분이 느낀 경험을 적거나 위인이나 주위 사람들의 예를 찾아보도록 합시다.

❼ 상상하기 :

전국 개썰매 대회에서 번개와 함께 가장 먼저 결승선에 골인한 윌리, 이후 윌리에게는 어떠한 일들이 있을지 상상하여 적어봅시다.

❽ 가장 인상적인 글귀

독서토론 답안예시

❶ - 윌리가 어린 나이에도 불구하고 용감하게 경기에 도전하였기 때문이다.

 - 얼음거인은 번개가 희생을 하면서까지 열심히 달린 윌리와 번개를 지나쳐서 우승하는 것은 싫고, 미안한 마음이 커서 그러한 행동을 한 것 같다.

❷ "윌리야 미안하다. 할아버지가 세금을 미리 준비하지 못해 너에게 큰 짐을 준 것 같구나. 윌리와 번개의 희생을 생각하니 할아버지가 할 말이 없구나. 네가 우리 농장을 지켜주기 위해 노력한 것이 자랑스럽구나. 고맙다."

❸ 번개의 희생은 사랑이다. 왜냐하면 할아버지와 윌리를 사랑해서 자신의 몸도 아끼지 않았기 때문이다.

❹ 긍정적으로 생각하려고 노력한다. 부정적으로 생각하면 점점 더 걱정되고 슬퍼지기 때문이다. 자신이 즐길 수 있는 재미있는 일을 하며 몰입한다.

❺ • **존경받을 할아버지이다** - 손자에게 늘 친구같이 자상함. 잘 모르는 것이 있으면 무엇이든 할아버지에게 물어보라고 이야기 한다(32쪽).

그리고 많은 것을 가르쳐 주신다. 또한 윌리를 위해 어려운 환경 속에서도 대학등록금 50달러를 마련해 놓은 세심한 할아버지이다. 또한 세금을 내지 않아 오랜 기간 힘들었을 텐데도 내색하지 않은 모습도 본받을 만하다.

• 존경받을 할아버지는 아니다 – 윌리에게 모범을 보여야 할 할아버지가 국가의 의무인 세금을 내지 않아 어린 손자에게 큰 걱정과 부담을 주었기 때문이다.

'슬픔은 나누면 반이 되고, 기쁨을 나누면 배가 된다' 라는 말이 있다. 가족인 윌리와 어려운 일을 함께 나누고 해결하고자 했다면, 할아버지의 마음의 병도 번개의 희생도 없었을 것이기 때문이다.

❻ TV에서 운전면허시험에 백 번 넘게 떨어진 사람을 보았다. 시간과 비용을 많이 들였는데도 실패의 연속이었다. 그러나 몇 년간 도전한 끝에 결국 합격하는 모습을 보고 '뜻이 있는 곳에 길이 있구나' 라는 생각이 들었다.

❼ 윌리와 할아버지는 500달러의 상금으로 세금을 모두 납부하고, 번개의 장례식을 치렀을 것이다. 윌리의 효심과 용감함이 화제가 되어 윌리에게 장학금을 주려는 사람들이 있었을 것이다. 이로써 예전처럼 할아버지와 감자농장을 경영하며 행복하게 살았을 것이다.

❽ "세상에는 목숨을 바칠 가치가 있는 일들이 있다."– (76쪽).

"넌 정말 잘했어. 번개. 정말 잘했어. 난 정말 네가 자랑스러워. 이제 편히 쉬어. 쉬면돼"– (93쪽).

독서토론의 실제
《꽃들에게 희망을》

책의 개요

호랑 애벌레가 알을 깨고 나와 나뭇잎을 갉아 먹고 무럭무럭 자랐다. 그런데 호랑 애벌레는 그저 먹고 자람이 삶의 전부가 아니고 분명 다른 무언가가 있음을 느끼고 삶의 의미를 찾아 나선다. 호랑 애벌레는 애벌레 기둥을 발견하게 되고, 그들이 꼭대기에 오르려고 하는 장면을 보고 삶의 의미를 찾을 수 있다는 마음으로 꼭대기에 오른다.

서로 밟고 밟히는 경쟁 속에서 호랑 애벌레는 수단과 방법을 가리지 않고 정상에 오르려 한다. 오르는 과정 가운데 노랑 애벌레를 만나 상

책 소개 – 《꽃들에게 희망을 (트리나 폴러스 글.그림 김석희 옮김) 시공주니어》

대를 딛고 경쟁에 이겨야 올라가는 이러한 현실에 염증을 느끼고 애벌레 기둥에서 내려온다. 즉 정상에 오르는 것이 그들의 간절한 소망이 아님을 확인한 것이다.

호랑 애벌레와 노랑 애벌레는 숲속에서 함께 풀을 뜯어 먹고 껴안고 사랑하며 즐거운 시간을 보낸다. 그러나 호랑 애벌레는 이러한 것이 삶의 전부가 아님을 느끼고 다시 애벌레 기둥 정상에 오르기를 다짐한다. 노랑 애벌레의 만류에도 불구하고 호랑 애벌레는 기둥 정상에 대한 호기심을 해결하기 위해 혼자 기둥으로 향한다. 노랑 애벌레는 어느 날 나비가 되기 위해 고치를 만들어 나뭇가지에 매달려 있는 늙은 애벌레를 우연히 만난다. 노랑 애벌레는 우리 안에 나비 한 마리가 있다는 믿음, 새로운 사랑의 씨앗을 나르는 나비의 모습을 생각하며 고치를 만들고 인내의 시간을 거쳐 나비가 된다.

반면, 호랑 애벌레는 애벌레 기둥 꼭대기에 도달했지만 그곳에는 아무것도 없음을 발견하고 허무함을 느낀다. 그리고 호랑 애벌레는 나비를 발견하고 노랑 애벌레의 사랑의 눈길을 발견하고 지금껏 다른 이에게 눈길 한 번 주지 못한 자신을 후회하며 변화하고자 다짐한다. 그리고 기둥을 내려오며 다른 애벌레들에게 "우리는 날 수 있어, 기둥에는 아무것도 없어, 우리는 나비가 될 수 있어"라고 외친다.

호랑 애벌레가 기둥을 내려와 노랑 애벌레와 함께 했던 곳에서 노랑 나비를 발견한다. 호랑 애벌레는 나비가 될 수 있다는 이야기가 정말 사실일거라는 생각을 하며 노랑나비가 인도하는 대로 나뭇가지에 올라 고치를 치며 인내의 시간을 거쳐 드디어 나비가 된다. 노랑나비와

호랑나비는 다른 애벌레들에게 희망을 전했고, 애벌레들은 기둥에서
내려와 고치를 만들었다. 세상에는 꽃들에게 희망을 줄 나비들이 많아
지기 시작했다.

책 내용 확인 문제

❶ 호랑 애벌레는 노랑 애벌레와 숲속에서 행복한 시간을 보내다 다
시 애벌레 기둥으로 향하게 됩니다. 왜 그랬나요? ➜ 애벌레 기둥의
꼭대기가 궁금했기 때문에

❷ 노랑나비는 누구의 도움으로 나비가 될 수 있었나요? ➜ 늙은 애
벌레

❸ 호랑 애벌레는 알에서 깨어나 나뭇잎을 먹고 자라다 나무에서 내
려와 이곳저곳을 헤매며 다닙니다. 왜 그랬나요? ➜ 호랑 애벌레는 삶
의 전부, 삶의 의미를 찾아 나선 것이다.

독서활동

＊호랑, 노랑 애벌레의 이야기를 생각하며 동시를 지어 보도록 합시다.

독서토론 워크시트

■ **토의 문제** :

❶ 책에 등장하는 애벌레, 기둥, 나비, 고치는 실제 사람의 삶에 어떠

한 것을 의미하나요?

❷ 호랑 애벌레와 노랑 애벌레가 행복한 시간을 보내다 호랑 애벌레
가 다시 기둥의 정상에 오르겠다고 하자 노랑 애벌레는 "제발 그러지
마. 우린 멋진 보금자리가 있고 서로 사랑하잖아. 그걸로 충분해. 꼭대
기를 향해 기어오르는 저 외로운 애들보다는 우리 생활이 훨씬 나아"
라고 이야기 합니다. 즉 호랑 애벌레와 노랑 애벌레의 행복의 기준에
차이가 있음을 파악할 수 있습니다. 여러분이 생각하는 행복의 조건은
무엇입니까?

❸ 여러분이 생각하는 행복에 대한 정의를 내려 보도록 합시다.
　'행복이란 ＿＿＿＿＿＿ 이다. 왜냐하면 ＿＿＿＿＿＿＿＿
때문이다.'

❹ 호랑 애벌레가 나무에서 내려와 삶의 전부를 찾아 길을 떠납니다.
결국 호랑 애벌레가 찾은 삶의 전부는 무엇이라고 생각합니까?

❺ 호랑 애벌레의 성격의 장점과 단점, 노랑 애벌레의 성격의 장점과
단점을 찾아봅시다.

• 호랑 애벌레 – 장점 :
　　　　　　 – 단점 :

• 노랑 애벌레 – 장점 :
　　　　　　 – 단점 :

❻ **경험나누기** :

호랑 애벌레는 수단과 방법을 가리지 않고 기둥의 정상에 오르려고 했습니다. 여러분이 수단과 방법을 가리지 않고 어떠한 일을 했던 경험을 적어봅시다. 그리고 그 때의 결과와 기분은 어떠했습니까?

❼ **경험나누기** :

나의 삶의 전부는 무엇이라고 생각합니까? 그리고 이를 위해 지금 어떠한 노력을 하고 있나요?

❽ **가장 인상적인 글귀**

❶ 애벌레는 나 자신, 사람 / 기둥은 서로 경쟁하는 우리 사회 / 나비는 진정한 꿈 / 고치는 꿈을 향한 과정, 인내의 시간

❷ 내가 생각하는 행복의 조건은 노란 애벌레와 같이 현재의 즐거움 그리고 웃음입니다. 현재의 순간순간이 행복하다면 삶 전체가 행복할 수 있다고 생각합니다.

자신의 목표가 있고, 그 목표를 이루기 위해 노력하는 과정이 행복이라고 생각합니다. 눈앞의 즐거움을 추구하기보다 장래의 꿈을 이루기 위해 노력한다면 그 과정도 힘들지만 행복하다고 생각합니다.

❸ – 행복이란 꿈입니다. 왜냐하면 누구든지 꿈을 이루면 행복하기 때문입니다.

– 행복이란 만들어 가는 것입니다. 왜냐하면 같은 일을 하고도 행복을 느끼는 사람과 그렇지 않은 사람이 있기 때문입니다.

– 행복이란 만족입니다. 왜냐하면 현재의 생활에 만족할 때 행복함을 느끼기 때문입니다.

❹ 사랑의 씨앗을 전하는 것. 즉 자신이 즐거울 수 있고 남에게 도움을 줄 수 있는 의미 있는 일을 하는 것이 삶의 전부라고 생각합니다.

❺ • 호랑 애벌레의 장점 – 목표를 이루려고 노력하며 열정적으로 살아갑니다.

단점 – 다소 생각이 흔들립니다.

• 노랑 애벌레의 장점 – 현실을 만족하며 행복하게 살아갑니다.

단점 – 새로운 것에 도전하는 것을 두려워합니다.

❻ 피구를 할 때, 아웃되지 않으려고 친구들 뒤에 몸을 숨기며 게임을 했던 것이 생각납니다. 친구들을 나의 방패막이로 생각하고, 나는 살아남으려고 하는 것이 생각나서 미안하다고 생각했습니다.

MP3플레이어를 사기위해 집에서 굴러다니는 돈을 모았고, 부모님께 필요한 것이 있다고 말씀드리고 돈을 받아서 저축을 했습니다. 결국 MP3플레이어를 샀지만, 마음은 불편합니다.

❼ 나의 삶의 전부는 나의 꿈입니다. 노랑, 호랑 애벌레처럼 남에게 도움을 주며 스스로 역시 행복을 느낄 수 있는 일을 하고 싶습니다. 사회복지사가 되어 형편이 어려운 사람, 소외된 사람들을 도우며 즐거움을 느끼며 살고 싶습니다.

❽ 끝…, 아니 시작입니다.

8

독서토론의 실제
《마시멜로 이야기》

책의 개요

제니퍼는 만족스럽지 못한 시험결과에 투덜거립니다. 제니퍼는 아빠 조나단에게 눈코 뜰 새 없이 바빴고, 시험에서 실수를 했고, 채점기준을 운운하며 핑계를 대고 있었습니다. 딸의 생각과 행동을 바꿔주고 싶었던 조나단은 5주 동안 수영장으로 제니퍼와 딸 친구 리나를 데려다 주기로 합니다. 수영장으로 향하는 자동차 안에서 조나단이 아이들에게 들려준 이야기 그리고 제니퍼와 리나의 학교생활에서 일어난 일들이 펼쳐집니다.

첫째, 조나단이 들려준 마시멜로 실험입니다. 실험에서 아이들은 각

책 소개 - 《마시멜로 이야기(호아킴 데 포사다 원작, 주경희 편저, 이동승 그림) 한경BP》

각 다른 방에 들어갔고, 연구원이 마시멜로를 주면서 15분 동안 먹지 않고 참으면 상으로 하나 더 준다고 했습니다. 실험에 참여한 아이들 가운데 15분을 참아 마시멜로 두 개를 먹은 아이들과 참지 못해 한 개를 먹은 아이들이 있었습니다.

이 가운데 15분을 참아 마시멜로 두 개를 먹은 아이들을 10년 후에 추적조사 해 보았더니 학업성적도, 친구관계도 그리고 자기감정 조절 능력도 뛰어났습니다. 즉 유혹을 참고 기다린 아이가 여러 면에서 우수하다는 사실을 확인한 실험이었습니다.

둘째, 조나단은 제니퍼와 리나가 수영장에서 나올 무렵 시간약속을 하고 차를 대고 기다리고 있었습니다. 그런데 리나는 시간을 지키는 반면 제니퍼는 늘 몇 분씩 늦었습니다. 조나단은 약속시간 4분 늦은 것을 대수롭게 생각하지 않는 제니퍼에게 4분 뒤에 여기서 다시 만나자고 말하고 차를 타고 떠났습니다. 제니퍼는 8분을 기다린 뒤에야 나타난 조나단의 모습을 보고 화가 났습니다.

"4분 뒤에 온다고 해 놓고 왜 늦었어요!"

조나단은 "이미 써버린 시간은 보충할 방법이 없단다"라고 말하면서, 제니퍼를 훈계하며 간디의 손자 아룬과 아버지의 이야기를 들려주었습니다.

아룬이 아버지를 사무실에 모셔드린 후 차에서 이상한 소리가 나자 아룬의 아버지는 "차를 정비소에 맡기고 늦어도 5시에는 사무실로 와주렴"이라고 부탁했습니다. 아룬은 12시쯤 차 수리를 마쳤습니다. 약속 시각까지 시간이 많이 남아 영화 두 편을 보았더니 그만 시간이 6시 5분이 되었습니다. 서둘러 아버지가 기다리는 사무실로 갔습니다.

아버지가 "왜 늦었니?"라고 묻자 아룬은 "수리가 늦게 끝났어요"라고 거짓말을 했습니다. 하지만 사실 아룬의 아버지는 아들이 걱정되어 정비소에 전화를 걸어 보았고, 전후 사정을 이미 파악하고 있었습니다.

아룬의 아버지는 차를 타지 않고 "나는 집까지 걸어가련다"라고 말했습니다. 그리고 "네가 거짓말을 할 정도로 내가 그렇게 나쁜 아버지였다면, 용서해 주기 바란다"라고 덧붙였습니다.

하지만 사무실에서 집까지는 15킬로미터가 넘는, 걷기에는 너무나 먼 거리였습니다. 아룬은 용서를 빌었지만, 끝끝내 아들의 청을 거절했습니다. 결국, 아버지는 거의 5시간이 걸려 집에 도착했고, 아무런 말없이 잠자리에 들었습니다.

셋째, 조나단의 운전기사 찰리의 이야기를 아이들에게 들려줍니다. 찰리가 갑자기 대학에 가기 위해 일을 그만 두었습니다. 찰리는 고등학교 때 너무 큰 마시멜로를 먹었습니다. 멋진 차를 몰며 여자 친구들과 데이트를 했고, 차 할부금과 수리비를 위해 아르바이트를 하며 지냈던 것입니다. 그러는 동안 꿈을 이룰 수 없었습니다. 즉 당장 눈앞의 마시멜로들을 먹었고, 미래에 더 많고 달콤한 마시멜로가 자신을 기다린다는 것을 몰랐던 겁니다. 그러나 중요한 것은 과거가 아닌 내일의 성공이라는 것을 알고 다시 도전하기로 했다는 것입니다.

이어서 조나단은 뉴욕 양키스의 호르헤 포사다 선수의 이야기를 들려주었습니다. 어릴 적 꿈이 야구선수였던 포사다는 꿈을 이루었지만 아무도 관심 갖지 않는 2루수였습니다. 야구팀 스카우트 담당자였던 아빠는 메이저리그를 위해 포수가 되라고 합니다. 소속팀을 나와 다른 팀의 후보 선수로 가는 무리수를 두면서까지 포수훈련을 했는데 포사다의 아빠는 다시 왼쪽 타격연습을 하라고 합니다. 오른손 잡이였던 포사다에게는 넘기 힘든 산이었습니다. 왼쪽 타율은 형편없었지만 이를 악물로 끝까지 연습한 포사다는 포수로 인정받고, 투수에 따라 왼손 오른손을 바꿔가며 안타를 쳤습니다. 결국 뉴욕 양키스는 포사다를 스카우트했고 그는 승승장구 했습니다. 즉 눈앞의 마시멜로를 먹고 마는 사람이 아니라, 기회가 올 것이라는 희망을 잃지 않고 더 많은 마시멜로를 기다린 결과였던 겁니다.

마지막으로 조나단은 '30초 규칙'을 일러줍니다. 30초 규칙이란 어떤 일을 결정할 순간에 딱 30초만 더 생각하는 것입니다. 마시멜로를 먹기 전에 30초를 더 생각하고, 저녁에 TV를 볼 것인지 책을 읽을 것인지 30초 동안 생각하라는 것입니다.

제니퍼는 학교에서 알리샤의 생일초대를 받지 못한 것이 속상해 친구들과 절교하려고 하지만, 조나단이 충고한 30초 규칙을 생각하며 현명한 결정을 하게 됩니다. 눈앞의 마시멜로의 유혹을 참고, 조금 더 신중한 판단과 결정을 하게 하는 30초 규칙은 교우관계를 성공적으로 이끌었답니다.

책 내용 확인 문제

❶ 조나단은 리나와 제니퍼를 5주 동안 집에서 어디로 데려다 주었

나요? → 수영장

❷ 조나단은 제니퍼가 시간약속을 지키지 않고 4분 늦자 어떻게 했습니까? → 수영장 앞에서 4분을 기다리라고 한 뒤, 차를 타고 자리를 벗어난 후 8분 후에 나타났습니다. 제니퍼가 4분 늦은 것처럼 조나단도 4분 늦음으로써 똑같은 상황에서의 느낌을 느끼도록 했습니다.

❸ 알리샤는 제니퍼에게 왜 생일초대를 하지 않았나요? → 알리샤가 제니퍼에게 생일초대 카드를 주려고 갔을 때 제니퍼는 알리샤의 호화스런운 생일 파티에 대해 험담을 하고 있어서 주려던 카드를 다니엘에게 주었습니다.

❹ 조나단은 제니퍼에게 공부를 잘하면 좋은 점을 스스로 깨닫도록 어떠한 일을 부탁했나요? → 회사의 직원을 뽑으려고 하는데, 이력서를 보고 어떤 사람을 선발할지에 대한 일을 부탁합니다.

❺ 제니퍼는 양로원 봉사를 하며 루이자 할머니를 도와드렸는데, 루이자 할머니의 마음을 어떻게 열었나요? → 할머니의 관심을 끌기 위해 머리핀을 준비해 갔습니다.

독서활동

＊실제로 마시멜로를 사서, 불에다 구워 놓은 후 먹기전 15분 동안 참는 실험을 해보도록 합시다.

■ **토의 문제** :

❶ 마시멜로 실험에서 15분 동안 마시멜로를 먹지 않고 참은 사람이 10년 후에 학업성적도 교우관계도 좋았다고 합니다. 왜 그러한 결과가 나타났다고 생각합니까?

❷ 더 크고 달콤한 마시멜로를 먹기 위해 현재 눈앞에 있는 마시멜로를 바라보고 참아야 한다고 책은 말하고 있습니다. 현실에 적용해 보면 미래의 꿈을 이루기 위해 현재 많은 것들을 포기하고 인내해야 꿈이 이루진다고 합니다. 그렇다면 마시멜로를 먹는 마지막 그 순간만 행복할 수도 있습니다. 그러면 그 과정 또한 행복해질 수 있는 방법에는 무엇이 있을까요?

❸ 여러분이 생각하는 절제에 대한 정의를 내려 보도록 합시다.

'절제란 ___________ 이다. 왜냐하면 _____________때문이다.'

❹ 눈앞에 보이는 마시멜로를 먹지 않고 기다리기 위한 전략, 즉 자신을 절제하기 위한 전략들에는 어떠한 방법이 있을까요?

❺ 책 중간에 나오는 개구리 이야기는 말하는 것보다 실천이 더 중요함을 말해 줍니다. 우리가 말하는 것을 실천에 옮기지 못하는 가장 큰 이유는 무엇일까요?

❻ 마시멜로는 우리 삶에서 어떠한 것을 의미하는 것일까요? 그렇게 생각한 이유도 적어봅시다.

❼ 경험나누기 :

마시멜로 이야기처럼 눈앞에 보이는 즐거움, 달콤함을 절제하고 이후의 더 많은 행복과 즐거움을 위해 기다린 경험을 적어보세요.

❽ 30초 규칙이란 어떤 일을 결정할 순간에 딱 30초만 더 생각하는 것입니다. 30초 규칙을 여러분의 삶 속에서 적용한 사례를 적어봅시다. 그리고 30초 규칙을 적용했을 때와 그러지 않았을 때의 차이점을 적어봅시다.

❾ 가장 인상적인 글귀

《마시멜로 이야기》 독서토론 답안예시

❶ 마시멜로 실험에서 15분 동안 자신의 욕구를 참았다는 것은 스스로의 행동을 조절할 수 있는 능력이 있음을 뜻한다. 즉 목표를 향해 불필요한 행동과 습관, 교우관계에서의 적절하지 못한 언행 등을 스스로 통제할 수 있었기 때문에 좋은 결과가 있었을 것이다.

❷ 자신이 인내하고 절제했을 때 이후의 결과와 보상에 대해 생각한다. '나는 이 순간 지금도 행복하게 즐기고 있다' 라고 스스로 암시를 건다.

❸ 절제란 조개와 같다. 왜냐하면 참고 참으면 진주 같은 보석을 품을 수 있기 때문이다.

❹ 꿈을 이룬 자신의 모습을 생각한다. 지금 하는 일에 더욱 몰입하고 즐기려고 애쓴다. 나를 유혹하는 것들을 눈앞에서 치우거나 내가 자리를 이동한다.

❺ 말하는 것과 실천하는 것은 별개의 문제이다. 실천할 수 있는 용기가 부족했기 때문이다.

❻ 눈앞에 펼쳐진 작은 마시멜로들은 나를 유혹하는 것들이 될 것이고, 미래에 펼쳐질 크고 많은 마시멜로들은 나의 꿈과 목표가 될 것이다. 지금의 유혹들을 잘 이겨내고 절제하고 인내한다면 미래의 꿈을 이룰 수 있을 것이다. 소탐대실小貪大失, 즉 작은 것을 탐하다 큰 것을 놓치는 경우가 많다. 큰 것을 얻기 위해 눈앞의 작은 달콤함을 참을 줄 알아야 할 것이다.

❼ 중간고사를 앞두고 동생이 놀자고 하는 말에 이끌려 시간을 다 허비해 버렸다. 또 다시 책상 앞에 앉았을 때, 컴퓨터 게임에 빠져 공부를 하지 못해 시험에서 좋지 않은 결과를 냈다. 눈앞의 유혹들을 뿌리치지 못해 목표를 이루지 못해 속상한 적이 있었다.

독서장 포트폴리오를 작성하는데 한 장 한 장 꾸준히 작성했다. 그런데 인터넷의 독후감을 검색해서 작성하고 싶고, 책의 내용의 일부분을 대충 옮겨 적으며 기록하고 싶다는 생각이 들었었다. 그러나 이러한 좋지 않은 생각들을 물리치고 차근차근 내 힘으로 독서장을 완성했을 때 무척 즐겁고 뿌듯했다.

❽ 30초 규칙은 말의 절제와 신중함을 강조하는 것 같다. 친구가 내 발을 밟아 순간적으로 무척 화가 난 적이 있었는데, 잠시 생각해 보니 일부러 그런 것은 아니었기 때문에 거친 말을 피할 수 있었다.

❾ "철저하게 준비하고 많이 연습하는 사람들만이 기회가 왔을 때 잡을 수 있단다"와 "포사다는 포수로도 인정받고 투수에 따라 왼손, 오른손을 바꾸어 가면서 안타를 쳤어. 그렇게 되자 뉴욕 양키스팀에서 포사다를 스카우트 했단다."

9

독서토론의 실제
《마당을 나온 암탉》

책의 개요

　　　　　　　잎싹은 양계장 닭장에서 알을 낳는 암탉이지만, 자신이 낳은 알을 한 번도 품어본 적이 없습니다. 잎싹은 며칠째 알을 낳지 못하는 폐계가 되자 구덩이에 버려지게 됩니다. 구덩이에 버려진 잎싹은 족제비의 먹이가 될 위험에 처해지는데, 이때 청둥오리가 잎싹을 구합니다. 그녀는 청둥오리의 도움으로 마당으로 가게 되지만, 오리와 수탉의 반대로 마당을 나오게 됩니다.

　잎싹을 구해준 청둥오리는 자신의 짝과 사라졌고, 외롭게 시간을 보내던 중 잎싹은 숲에서 알을 발견하게 됩니다. 바로 이것이 청둥오리

책 소개 – 《마당을 나온 암탉(황선미 글, 김환영 그림) 사계절》

나그네 아들의 알이었습니다. 그녀는 정성스레 알을 품었습니다. 며칠 후 청둥오리는 족제비로부터 자신의 아내를 지키다가 죽게 됩니다.

잎싹은 "알이 깨면 저수지로 가"라는 청둥오리의 말을 기억하고 그대로 따릅니다. 잎싹은 태어난 청둥오리의 새끼를 '초록머리' 라고 부르고 저수지에서 살아갑니다. 저수지에서 그녀는 족제비의 공격으로부터 초록머리를 용맹하게 지켜냅니다.

초록머리는 다른 동물로부터 엄마와 자신이 다르다는 것에 놀림을 받고, 엄마는 수영도 할 수 없고, 날 수도 없음에 실망하고 자신의 무리를 찾아 떠납니다. 잎싹은 초록머리를 달래고 품으려고 하지만, 초록머리는 외면합니다.

어느 날 초록머리는 잎싹이 지내던 마당에 갔다가 주인에게 잡혀 줄로 묶이게 됩니다. 그러나 잎싹은 구사일생으로 초록머리를 위험에서 구해내게 됩니다. 이를 계기로 초록머리는 잎싹이 자신을 무척 아끼고 사랑함을 느끼게 됩니다.

저수지로 돌아온 잎싹과 초록머리는 청둥오리 떼를 발견합니다. 잎싹은 초록머리가 무리를 찾아 떠나 잘 지내기를 희망하며 초록머리를 지켜봅니다. 그러나 초록머리는 따돌림을 받고 적응에 힘겨워 합니다. 어느 날, 파수꾼 선발대회에서 초록머리가 천신만고 끝에 파수꾼으로 선발이 됩니다. 잎싹은 무리 속에서, 무리를 이끌며 북쪽으로 이동하는 초록머리의 모습을 바라봅니다. 잎싹은 떠나는 초록머리를 바라보며 족제비에게 잡아먹히게 됩니다.

책 내용 확인 문제

❶ 양계장을 나온, 구덩이에 버려진 잎싹을 구한 동물은 무엇입니까? (정답 : 청둥오리)

❷ 나그네 청둥오리는 잎싹에게 알이 깨면 어디로 가라고 했습니까? (정답 : 저수지)

❸ 나그네 청둥오리는 누구에게 희생되었나요? (정답 : 족제비)

❹ 나그네인 청둥오리가 날개를 다친 까닭은 무엇인가요? (정답 : 족제비에게 물어 뜯겨서)

❺ 잎싹은 은밀한 굴에서 아주 작은, 눈도 못 뜬 어린 것들이 꿈틀거리는 것을 발견하는데 이 새끼들은 누구의 것입니까? (정답 : 족제비)

❻ 초록머리는 청둥오리의 무리 속에 들어가 중요한 역할을 맡게 되는데 그것은 무엇입니까? (정답 : 파수꾼)

❼ 잎싹은 왜 자신의 이름을 잎싹이라고 지었나요? (정답 : 바람과 햇빛을 한껏 받아들이고, 떨어진 뒤에는 썩어서 기름이 되는 잎사귀, 그래서 결국 향기로운 꽃을 피워 내는 게 잎사귀니까 잎싹도 아카시아 나무의 그 잎사귀처럼 뭔가를 하고 싶어서 책 13쪽)

독서활동

＊잎싹이의 삶을 생각하면서 동시를 지어보도록 합시다.

■ **토의 문제** :

❶ 잎싹은 초록머리가 떠나는 모습을 보며 족제비에게 잡아먹히게 됩니다. 왜 잎싹은 가만히 눈을 감았을까요?

❷ 잎싹은 양계장에서 편안하게 먹이를 먹으며 살아갈 수 있었을 텐데, 마당으로 나오려는 꿈을 꾼 것은 과연 옳은 선택인가요?

❸ 잎싹은 자신이 낳은 알이 아닌 알을 품어 초록머리를 낳았습니다. 그리고 족제비로부터 초록머리를 보호하고, 초록머리를 끝까지 이해하고 품어주었습니다. 잎싹의 사랑을 비유로 표현해 봅시다.

'잎싹의 초록머리에 대한 사랑은 ＿＿＿＿＿＿ 이다. 왜냐하면 ＿＿＿＿＿＿＿＿＿ 때문이다.'

❹ 책에는 세 종류의 암탉이 등장합니다. 양계장 안의 닭, 마당에서 사는 닭, 그리고 저수지에서 잎싹과 같이 자신의 삶을 살아가는 닭입니다. 세 종류의 암탉은 현대를 살아가는 우리들의 모습과 비교해 보면 어떠한 사람들과 연결 지을 수 있을까요?

• 양계장 안의 닭 –

• 마당에서 사는 닭 –

• 저수지의 닭 –

❺ 잎싹은 초록머리가 자신의 무리와 함께 지내는 것을 바라는 마음이 컸습니다. 그러나 잎싹은 초록머리가 떠난 후, 족제비에게 잡아먹히게 됩니다. 초록머리가 잎싹을 두고 즉 가족을 떠나 청둥오리 떼와 함께 생활하며 북쪽으로 이동하는 것은 옳은 행동이었나요?

• 옳은 선택이다. –

• 아니다. 그릇된 선택이다. –

❻ 마당을 나온 암탉, 잎싹은 초록머리를 위한 삶을 살아갑니다. 족제비로부터 초록머리를 보호하고, 먹이를 물어다 주고, 다칠 것을 염려하며 보살핍니다. 그리고 초록머리의 삶을 위해 그들의 무리로 보내주는 가슴 아픈 이별을 합니다. 다시 말해, 잎싹은 초록머리를 위한 희생과 헌신의 삶을 보여주고 있습니다. 여러분의 엄마, 아빠가 여러분을 위해 희생하고 헌신하는 모습들 가운데 기억에 남는 것을 적어봅시다.

❼ '눈 앞이 차츰 밝아지기 시작했다. 크고 아름다운 날개로 바람을 가르며 잎싹은 아래를 내려다보았다. 비쩍 말라서 축 늘어진 암탉을 물고 사냥꾼 족제비가 힘겹게 걸어가고 있었다책 191쪽' 잎싹의 날고 싶다는 소원은 과연 이루어 진 것일까요?

❽ 마당을 나온 암탉을 읽고 가장 먼저 떠오르는 주요 키워드 세 가지를 적어보고 그 이유를 간단히 적어봅시다.

1.	2.	3.

❾ 《꽃들에게 희망을》에 등장하는 호랑 애벌레와 《마당을 나온 암 탉》의 잎싹의 공통점은 무엇일까요?

❿ **가장 인상적인 글귀**

독서토론 답안예시

❶ 자신이 원하던 것을 다 이루고, 이제는 족제비가 새끼에게 먹이를 주려는 마음을 헤아려 그들을 도와주기 위해서 가만히 눈을 감고 족제비의 먹이가 되었다.

❷ • 옳은 선택이다 – 꿈을 가지고 찾아 떠난 것이기 때문이다.

　• 옳지 않은 선택이다 – 편하게 살 수 있었을 텐데 힘든 삶을 선택했기 때문이다.

❸ 잎싹의 초록머리에 대한 사랑은 배려이다. 왜냐하면 자신을 떠나 청둥오리 떼와 함께 즐거운 삶을 살아갈 수 있게 해 주었기 때문이다.

❹ • 양계장 안의 닭 – 아무 생각 없이 살아가는 사람, 도전하지 않고 현실에 안주하는 사람

　• 마당에 사는 닭 – 자유는 있지만 특정한 틀 안에서 살아가는 사람, 혹시 누가 끼어들어 그 생활을 흐트러뜨리지 않나 전전긍긍하는 사람

　• 저수지의 닭 – 소망을 굳게 간직하고 결국 실천하는 사람

(책 195쪽 김서정 평론가의 글 참조)

❺ • 옳은 선택이다 – 초록머리는 야생오리이기 때문에 야생오리 무리를 따라가는 것이 보다 행복하게 살아가는 방법이기 때문이다. 청둥오리 떼와 행복하게 살아가는 모습을 잎싹에게 보여주는 것이 잎싹에게도 큰 기쁨이고 행복이기 때문이다.

　• 그릇된 선택이다 – 자신을 위해 희생한 잎싹을 떠난 후, 잎싹은 힘도 없이 홀로 족제비에게 잡아 먹혔기 때문이다. 초록머리를 위해 모든 것을 바친 잎싹을 외롭게 혼자 두고 떠났기 때문이다.

❻ 열이 39도를 오르내리며 아파서 신음하고 있는 나의 모습을 보고, 내 손을 꼭 잡고 기도해주시던 어머니의 모습, 나를 등에 업고 응급실로 향하시던 아빠의 모습 그리고 병원에서 피곤한 몸으로 내 손을 놓지 않고 주무시던 부모님의 모습이 기억난다.

❼ • 이루어 진 것이다

　– 잎싹의 육신은 족제비에게 물려 죽은 것이지만, 그의 영혼은 꿈을 향해 계속 나아가고 있고 생각하고 있었기 때문이다.

　– 잎싹이 자신이 죽은 것으로만 생각했다면 그저 죽은 것으로 끝났겠지만 잎싹이 날고 있다고 생각하였기 때문이다.

❽ • 사랑 – 같은 종류의 동물은 아니지만 서로 사랑하며 지냈기 때문이다.

• 희생 – 잎싹이 초록머리를 향해 자신의 모든 것을 던져 지켜내며, 키웠기 때문이다.

• 배려 – 잎싹이 족제비의 새끼를 위해 자신을 희생하면서 배려했기 때문이다.

❾ 《마당을 나온 암탉》의 잎싹과 《꽃들에게 희망을》에서 호랑 애벌레는 어떠한 꿈과 목표를 향해 도전하고 노력한다는 점이 공통점이다.

❿ "하고 싶은 걸 해야지. 그게 뭔지 네 자신에게 물어봐."

"나는 괜찮아. 아주 많은 걸 기억하고 있어서 외롭지 않을 거다."

잎싹이 초록머리를 보내면서 위로하는 글.

"나는 어디서나 외톨이야. 꼭 이렇게 살아야 할까? 이제는 노력하고 싶지 않아. 엄마랑 있을 때가 행복하다는 걸 알았어. 그래서 다시 왔어, 엄마."

– 무리에 적응하지 못해 엄마를 다시 찾은 초록머리의 모습이 너무 안쓰러웠다.

"눈앞이 차츰 밝아지기 시작했다. 눈을 뜨자 눈부시게 파란 하늘이 보였다. 정신도 말끔하고 모든 게 아주 가뿐했다. 그러더니 깃털처럼 몸이 떠오르는 게 아닌가! 크고 아름다운 날개로 바람을 가르며 잎싹은 아래를 내려다보았다."

– 잎싹의 마지막 꿈이 생각 속에서 이루어지는 장면

워크시트1 – 토론 판정표

토론 판정팀 – 매우 우수 ☆(3점) 우수함 ◎(2점) 보통임 △(1점)

논제			
평가영역	주요 평가 관점	찬성 측	반대 측
입론 및 주장하기	주장하고자 하는 내용을 논리적으로 설명하는가?		
	주장하고자 하는 내용을 뒷받침하는 근거를 제시하였는가?		
	근거가 주장을 뒷받침하기에 타당한가?		
	소 계		
반론하기	상대측의 주장에서 문제점을 찾아 질문하였는가?		
	상대측 주장에 대한 반론을 제기하며 적절한 근거를 제시하였는가?		
	반론주장을 논리적으로 명확하게 하였는가?		
	소 계		
토론참여 태도	상대측 의견에 경청하며 토론에 참가하는가?		
	감정에 치우치지 않고 차분한 태도로 토론에 참여하였는가?		
	토론의 규칙을 지키며 토론에 참가하였는가?		
	소 계		
표현능력	알기 쉬운 단어와 간결한 문장으로 말하였는가?		
	어조와 말의 속도 그리고 목소리 크기가 적절하였는가?		
	주장을 유창하게 발표하며, 적절한 손동작과 몸짓을 사용하였는가?		
	소 계		
팀워크 능력	작전시간에 토의가 활발하게 이루어졌는가?		
	토론참여자 모두가 골고루 의견을 발표하였는가?		
	소 계		
종합적 능력	상대방의 반론과 질문에 적절하게 대응하여 이야기 하였는가?		
	최종적으로 입장을 종합적으로 정리하여 논리적으로 발표하였는가?		
점수합계			
종합의견	찬성 측	반대 측	

토론의 목적은 '상대방의 설득과 생각의 공유'에 있다. 즉 '이것 아니면 저것'이라는 흑백논리에 빠져 상대방의 논리를 부정하고 나의 생각과 논리만이 옳다고 생각하는 아집은 옳지 않다. 다시 말해, 토론의 승패는 목소리 큰 팀이 이기는 것이 아니다.

토론에서 승패는 정하지 않아도 된다. 서로의 활발한 자유토론의 과정에서 중간적 입장을 찾고 서로 공감하는 부분을 찾았다면 바른 토론이고 서로가 이기는 윈윈토론이 되는 것이다. 그러나 경우에 따라 제3자가 토론의 과정들을 살펴보고 평가할 수도 있다.

천사와 악마 토론게임을 진행할 경우 중립의 입장에 있는 사람들이 최종적으로 어느 쪽으로 입장을 많이 밝히느냐에 따라 토론의 승패가 결정된다. 뿐만 아니라 찬반대립 토론, 그리고 과학탐구 토론 등에서 평론 팀으로서 역할을 할 때 정확한 잣대로 평가를 해야 한다.

워크시트1은 토론진행 과정에서의 평가요소를 정리해 놓은 것이다. 중립의 입장에서 토론을 평가할 때는 위의 평가영역에서 역할분담을 통해 영역을 나누어 평가하는 것이 보다 입체적이며, 정확한 평가가 가능하다.

워크시트 2 - 자기평가표

자기평가표 - 매우 우수 ☆(3점) 우수함 ◎(2점) 보통임 △(1점)

논제		
평가영역	주요 평가 관점	나의 평가
입론 및 주장하기	주장하고자 하는 내용을 논리적으로 설명하는가?	
	주장하고자 하는 내용을 뒷받침하는 근거를 제시하였는가?	
	근거가 주장을 뒷받침하기에 타당한가?	
입론 및 주장하기에 대해 잘한 점, 부족했던 점, 개선점		
반론하기	상대측의 주장에서 문제점을 찾아 질문하였는가?	
	상대측 주장에 대한 반론을 제기하며 적절한 근거를 제시하였는가?	
	반론주장을 논리적으로 명확하게 하였는가?	
반론하기에 대해 잘한 점, 부족했던 점, 개선점		
토론참여 태도	상대측 의견에 경청하며 토론에 참가하는가?	
	감정에 치우치지 않고 차분한 태도로 토론에 참여하였는가?	
	토론의 규칙을 지키며 토론에 참가하였는가?	
토론참여 태도에 대해 잘한 점, 부족했던 점, 개선점		
표현능력	알기 쉬운 단어와 간결한 문장으로 말하였는가?	
	어조와 말의 속도 그리고 목소리 크기가 적절하였는가?	
	주장을 유창하게 발표하며, 적절한 손동작, 몸짓을 사용하였는가?	
표현하기에 대해 잘한 점, 부족했던 점, 개선점		
팀워크 능력	작전시간에 토의가 활발하게 이루어졌는가?	
	토론참여자 모두가 골고루 의견을 발표하였는가?	
팀워크 능력에 대해 잘한 점, 부족했던 점, 개선점		

종합적 능력	상대방의 반론과 질문에 적절하게 대응하여 이야기 하였는가?	
	최종적으로 입장을 종합적으로 정리하여 논리적으로 발표하였는가?	
종합적 능력에 대해 잘한 점, 부족했던 점, 개선점		
종합의견		최종 점수	

토론이 진행되고, 마무리하기 전에 반드시 해야 할 것이 있다면 바로 '자기진단Self-Checking' 이다. 제3자의 평가와 충고를 통해 독서토론의 기술과 동기부여가 높여질 수 있겠지만 자기 스스로 자신의 말과 행동, 생각 등을 되짚어 봄으로써 한 단계 더 성장할 수 있다.

자신의 모습을 되돌아보며, 한 걸음 물러나 스스로의 모습을 객관적으로 평가해 보는 자기진단을 통해 조금씩 발전해 나갈 수 있는 것이다. 워크시트 2 자기평가표 작성 후에는 토론 참여자끼리 서로 자신의 모습을 솔직하게 짧게나마 발표하며 다른 사람의 피드백을 듣는 시간을 가진다면 참 유익할 것이다.

워크시트 3 – 자기주장 세움표 (토론 6단 논법)

①~⑤까지는 토론에 참여하기 전에 작성하며, ⑥번은 토론을 모두 마치고 작성하도록 한다.

토론단계	내용 정리하기
① 안건 (토론의 주제)	
② 결론 (나의 주장)	저는 (　　　　　　　　) 의견에 찬성/ 반대 하는 입장입니다.
③ 이유 (내가 결론을 위와 같이 낸 이유)	제가 찬성/ 반대 하는 이유는 세 가지입니다. 첫째,~ 둘째,~ 셋째,~입니다.
④ 설명 (이유에 대한 설명)	
⑤ 반론 꺾기 (상대측의 예상 반론을 고려해 반론하기)	• 예상반론 : • 반론에 대한 나의 의견 :
토론측 상대측 의견 메모하기	
⑥ 정리 (나의 주장과 상대측 주장을 모두 종합 하여 토론 내용 정리)	

건물을 지을 때 설계도를 그리듯, 토론에 참여하기에 앞서 생각의 설계도를 그리는 과정이다. 막연히 '저는 ~에 찬성합니다. 왜냐하면 ~이기 때문입니다' 가 아니라 자신의 논리와 주장에 대한 근거를 충분히 준비하고 예상되는 질문과 반론에 대해서도 철저히 조사하여 워크시트 3을 작성하도록 한다. 이는 모든 찬반대립 토론에서 입론을 펼칠 때 가장 기본적으로 활용되는 것이다.

워크시트 4 – 독서표

필독도서 독서표

0000년 0월 필독도서 독서표 (이 책은 꼭 읽을게요)										
책명	필독 이유	독서진도 상황 (페이지 체크)								완독 후 스티커
		10	20	30	40	50	60	70	80	
	자기 추천									
	선생님 추천									
	엄마, 아빠 추천									
	권장 도서(교과서 연계)									
	독서토론 책 1									
	독서토론 책 2									

이달의 독서표

내가 선택하고 내가 읽은 책				
언제	책 분야	읽은 책 제목 쓰기	스티커 붙이기	월간 통계
0000년 0월	과학책			
	위인전			
	수학동화			
	전래동화			
	음악, 미술, 체육책			
	역사책			
	만화책			
	영어책			
자기평가	이번 달 독서현황을 뒤돌아보며 느낌 쓰기		0월 전체 독서 수	

전 미대통령 클린턴은 젊은 시절, 앨런라킨의 《시간과 인생을 통과하는 방법》을 읽고 자신의 목표에 A, B, C 우선순위를 두었다고 한다. 앨런라킨은 시간을 지배하는 절대법칙이란 "삶의 목표를 단기, 중기, 장기로 나누고, 여러 가지 일들을 중요도에 따라 A,B,C로 나누어라(A: 가장 중요 B: 다음으로 중요 C: 나머지 일). 그리고 A,B,C 목표를 달성하기 위한 구체적인 행동을 기록하라. 독서도 이와 같은 방법으로 해야 한다"라고 말했다.

〈독서표〉는 앨러라킨의 말에 근거하여 작성해 보았다. 부모의 추천, 선생님의 추천, 교과서 연계도서 등 꼭 읽었으면 하는 책의 독서현황을 나타내는 〈필독도서 독서표〉와 아이가 읽고 싶어 하는 책의 독서현황을 나타내는 〈이달의 독서표〉로 구분해 놓았다. 읽어야 하는 책과 읽고 싶은 책을 나누고, 아이가 읽어야 하는 책에 관심을 갖도록 한 것이다.

〈필독도서 독서표〉에는 독서진도표를 도서 페이지로 구분하여 읽고 있는 페이지에 스티커를 붙여 표시하면 된다. 그리고 〈이달의 독서표〉에서는 아이들의 편독을 방지하기 위해 책 분야를 나누어 기록하도록 했다. 아이들의 월간 독서통계를 낸 후, 스스로 독서습관에 대해 잘한 점과, 아쉬운 점을 이야기 하게 하는 시간을 갖게 한다. 스스로 독서습관을 키워 나가도록, 부모는 스티커의 개수와 목표달성도 등을 고려해 아이에게 적절한 보상을 주는 것이 필요하다.

감사의 글

책을 출간하는 것은 아이를 출산하는 것과 같은 고통과 기쁨을 준다고 했던가. 오랜 노력과 기다림 끝에 책이 출간되어 말로 표현할 수 없는 기쁨으로 가득하다. 다시 한 번 책이 출판되기까지 늘 변함없는 관심과 지지를 보내준 사랑하는 아내와 부모님께 깊은 감사의 마음을 전한다.

또한 환한 웃음과 애교로 지치고 피곤한 몸과 마음에 활력소를 준 사랑하는 딸들, 우리 가정의 보물 예원이와 예린이에게 사랑의 인사를 전한다. 특별히, 창의적이고 새로운 교육에 대한 아이디어를 던져주시는 장윤식 선생님, 이 책이 나오기까지 멘토가 되어 알토란 같은 충고와 격려를 아끼지 않으신 오름교육연구소 구근회 소장님께 감사드린다. 그리고 사랑과 헌신으로 최선을 다해 아이들을 지도하며 늘 자극제가 되어주신 한신 초등학교 교장, 교감 선생님 그리고 동료 선생님께 깊이 감사드린다.

한 시간이 넘는 출퇴근길, 부족한 잠을 보충하기 위해 지하철에서 눈을 감고 싶은 유혹을 참아내면서 관련 자료를 읽거나 줄을 긋고, 생각을 메모했던 시간들이 생각난다. 또 퇴근 후, 학교에서 진행했던 독서토론 시간의 기억을 놓치지 않기 위해, 딸들을 안고 컴퓨터 앞에 앉아 글을 쓰던 장면도 떠오른다. 길을 걸어가다가, 샤워하다가 떠오른 아이디어를 핸드폰에 녹음, 메모하고 글을 적었던 장면, 지하철에서 책에 몰입한 나머지 내려야 할 역을 한참 지나쳐 지각했던 일, 책을 읽다가 지쳐 나 자신도 모르게 잠이 들어 지하철 종착역까지 갔던 기억들, 이 모든 노력과 인내의 시간들이 지금의 이 책을 만든 것이라 생각한다.

아무리 훌륭한 이론이라 하더라도, 실전에 적용해 보고 검증하지 않으면 그저 이론일 뿐이다. 그러나 독서토론에 대한 효과를 실제로 증명해 보여준 제자들이 있었기에 용기를 내어 책을 내기로 결정했던 것 같다.

담임을 믿고 성실하게, 그리고 열정적으로 독서토론을 준비하고 적극적으로 참여해준 한신 초등학교 6학년 2반 41회 졸업생 학생 한 명 한 명에게 감사의 인사를 전한다. 그리고 담임교사의 교육관을 끝까지 믿고 변함없는 박수를 보내주시던 여러 학부모님께도 감사의 말씀을 전하고 싶다.

마지막으로 꺼지지 않은 열정을 주시고, 강건한 육체를 주시고, 솔로몬과 같은 지혜를 주신 임마누엘의 하나님께 감사드린다. 이 책이 나의 능력이 아닌 하나님의 능력으로 쓰인 것을 믿으며 감사의 제물로 드리길 소망한다.

부록

부록 1.
독서토론 진행 후 달라진 아이들의 생각

＊본문 제3장 3. 설문조사로 알아본 초등학생 독서실태의 내용을 설문지 형식으로
재구성한 것임.

다음은 필자와 함께 공부하는 6학년 아이들을 대상으로 독서토론을
1년 진행한 후 설문조사를 실시한 결과이다.

〈조사대상 : 초등학교 6학년 27명(남자 13명, 여자 14명) 일시 : 2012년 11월〉

**ㄱ. 독서토론을 진행했던 책과 독서토론을 진행하지 않은 책은 여러분에게
어떻게 다르다고 생각합니까?**

- 독서토론을 진행한 책의 내용을 더 자세하게 알 수 있었다.
- 독서토론을 한 책은 내용도 나의 생각도 오래도록 기억에 잘 남지
  만, 독서토론을 하지 않은 책에 대한 기억은 가물가물하다.
- 독서토론을 할 책은 보다 꼼꼼히 읽게 되었다.
- 독서토론을 한 책은 책 내용에 대해 보다 깊게 이해하게 되었다.
- 독서토론을 진행한 책은 토론준비를 위해 두 번, 세 번 반복해서
  읽고 나의 생각을 정리하는 과정에서 어휘력, 사고력 등의 향상됨
  을 스스로 느꼈다.
- 책을 읽고 이해하지 못한 부분을 토론을 통해 알게 되었다.
- 토론을 통해 이야기하는 과정에서 전체적인 줄거리뿐만 아니라

세세한 내용들까지도 자세하게 알 수 있었다.

ㄴ. 독서토론을 하면서 좋은 점은 무엇입니까?

- 토론의 규칙과 토론진행 방법에 대해 자세히 알게 되었다.
- 독서토론을 하기 전에는 주로 만화책, 잡지 등을 읽었는데 독서토론을 위해 지정된 책을 읽으면서 다른 분야의 책도 접하게 되었다.
- 대충 읽던 책을 꼼꼼하게 반복해서 읽게 되었다.
- 책에 대한 나의 생각을 다른 사람들에게 말할 수 있고, 내 의견과 다른 사람의 의견을 비교하며 반박하는 자유토론 시간이 사고력 확장에 도움이 되었다.
- 내가 긍정적인 생각을 하고 있는지, 부정적인 생각을 하고 있는지 나의 생각에 대해 다시 한 번 생각해 보게 되었다.
- 독서토론 전에는 책을 별로 읽지 않았는데 독서토론을 계기로 책을 많이 읽게 되었다.
- 사고력과 집중력이 좋아졌다.
- 다른 사람의 의견을 듣고 나의 생각과 비교해 볼 수 있어 좋았다.
- 발표할 기회가 많이 있어서 좋았다.

ㄷ. 독서토론을 하면서 어려웠던 점은 무엇입니까?

- 토론을 위해 워크시트를 작성하는 것이 힘들었다.
- 내 주장을 내세우고 싶은데, 어떠한 방법으로 내세워야 할지 몰

라 어려웠다.

- 상대방 의견에 대해 논리적으로 반박하는 것이 힘들었다.

- 나의 의견을 또박또박 명료하고 자신 있게 발표하는 것에 어려움
  을 느꼈다.

- 적절한 예, 나의 경험을 찾아 이야기 하는 것이 어려웠다.

ㄹ. 독서토론을 하게 되면서 나의 습관 가운데 달라진 점은 무엇입니까?

- 책을 두 번 읽으면서 여러 관점에서 책에 대해 생각하게 되고 자
  세하게 읽게 되었다.

- 책의 내용만을 따르기보다, 한걸음 물러나 생각하는 시간이 늘어
  났다.

- 책을 보다 꼼꼼하고 자세히 읽게 되었다.

- 늘 한 번만 읽고 넘기던 책을 다시 한 번 읽고 생각하게 되었다.

- 책을 보다 집중해서 정독하게 되었다.

- 단순한 재미 위주의 독서에서 생각하는 독서로 바뀌었다.

- 책을 읽다가 이해가 가지 않는 부분은 질문을 하거나 검색을 통해
  알고 넘어가게 되었다.

- 책과 좀 더 친해졌고, 더 많이 읽게 되었다.

**ㅁ. 독서토론을 엄마, 아빠와 함께 집에서 하고 싶습니까? 만약 그렇다면
왜 그렇게 생각합니까?**

* **하고 싶습니다.**

- 독서토론을 하게 되면 가족 간의 대화가 자연스럽게 늘어날 것 같고 가족과 함께 하는 시간이 더 많아질 것이기 때문이다.
- 책에 대해 모든 사람이 생각하는 것이 다르기 때문에 여러 방향에서 생각해 볼 수 있는 기회가 될 것 같다.
- 엄마, 아빠의 토론실력도 늘고 재미있을 것 같다.
- 친구들과의 토론과 달리 어른들의 생각을 들을 수 있는 기회가 되기 때문이다.

* **하고 싶지 않습니다.**

- 하고 싶은 마음은 있지만 엄마, 아빠가 직장일로 늦게 들어오기 때문이다.
- 엄마, 아빠가 책만 읽으면 주무시기 때문이다.
- 엄마, 아빠랑 하면 재미가 없을 것 같다.
- 가족 개개인이 각자의 일로 바빠서 시간이 없고, 준비를 부족하게 해 온 후 진행된 토론은 안하는 게 낫다고 생각하기 때문이다.

ㅂ. 나는 독서토론을 진행하면서 책 읽는 것이 재미있어졌다.

그렇다 22명(81.4퍼센트)　　　　아니다 5명(18.6퍼센트)

ㅅ. 선생님이 도덕시간에 "이렇게 해야 한다, 저렇게 해야 된다"라고 이야기 하는 것보다 우리가 책을 읽고 독서 토론을 하면서 직접 느끼고 이야기

하는 것이 더 학습효과가 높다고 생각한다.

그렇다   25명(92.5퍼센트)   아니다   2명(7.5퍼센트)

ㅇ. 독서토론이 학교와 가정에서 정기적으로 이루어져야 한다고 생각한다.

그렇다   23명(85.1퍼센트)   아니다   4명(14.9퍼센트)

＊ 설문조사 내용을 종합해 보면, 초등학생들의 경우 책은 자신이 직접 고르는 편이고, 일주일에 평균 한두 권 정도의 책을 읽고 있다. 책을 보는 주된 목적은 독서 자체가 즐거워서 읽고, 부모님과 서점이나 도서관에 한 달에 한두 번 방문하고 있다. 아이들은 책보다는 TV가 좋고, 한 번 읽은 책도 다시 한 번 읽어보는데, 좋아하는 영역의 책을 주로 읽는다고 했다.

독서는 학교 공부에 비교적 도움이 되고, 독서토론을 해 본 경험은 거의 없지만, 독서토론에 대한 긍정적인 생각을 가지고 있었다. 부모님은 독서를 즐기지 않는데, 이는 직장일로 바빠서라고 아이들은 답했다.

설문조사에서 가장 특징적인 것은 독서를 못하게 되는 가장 큰 원인으로 학교 숙제, 학원, 과외수업을 들었고, 선생님과 부모님께 독서할 수 있는 시간과 다양한 책을 제공해 줄 것을 바라고 있었다.

부록 2.
초등학교 5~6학년 독서 실태에 대한 조사

＊조사대상 : 서울, 경기, 인천 지역 초등학생 5~6학년 212명 (남자 108명, 여자 104명)
　일시 : 2012년 11월, 방법 : 설문지법

1. 읽는 책은 주로 어떻게 선택하게 됩니까?

(1) 부모님의 권유에 의해 – 32명 (15퍼센트)

(2) 내가 직접 선택한다 – 140명 (66퍼센트)

(3) 선생님이 권해서 – 8명 (3.8퍼센트)

(4) 인터넷서점, 도서검색을 통해서 – 24명 (11.3퍼센트)

(5) 친구의 권유 – 8명 (3.8퍼센트)

2. 평균적으로 만화책과 잡지를 제외한 책을 일주일에 몇 권 정도 읽습니까?

(1) 일주일에 6권 이상 – 28명 (13.2퍼센트)

(2) 일주일에 3~5권 정도 – 80명 (37.7퍼센트)

(3) 일주일에 1~2권 정도 – 96명 (45.3퍼센트)

(4) 거의 읽지 않는다 – 8명 (3.8퍼센트)

3. 하루에 교과서, 만화책, 잡지책을 제외하고 책을 읽는 시간은 어느 정
도입니까?

　　(1) 읽지 않는다 – 4명(1.9퍼센트)

　　(2) 30분 이내 – 36명(17퍼센트)

　　(3) 30분~1시간 이내 – 108명(51퍼센트)

　　(4) 1시간~2시간 이내 – 52명(24.5퍼센트)

　　(5) 2시간 이상 – 12명(5.7퍼센트)

4. 부모님과 서점이나 도서관에 얼마나 자주 갑니까?

　　(1) 일주일에 1~2회 – 53명(25퍼센트)

　　(2) 한 달에 1~2회 – 91명(42.9퍼센트)

　　(3) 6개월에 1~2회 – 42명(19.8퍼센트)

　　(4) 1년에 1회~2회 – 18명(8.5퍼센트)

　　(5) 전혀 가지 않는다 – 8명(3.8퍼센트)

5. 독서를 하는 가장 큰 목적은 무엇입니까?

　　(1) 독서 자체가 즐겁기 때문에 – 78명(36.8퍼센트)

　　(2) 부모님이나 선생님이 칭찬을 하시니까 – 42명(19.8퍼센트)

　　(3) 숙제나 부모, 선생님이 강요하시니까 – 28명(13.2퍼센트)

　　(4) 공부에 도움이 많이 되기 때문에 – 64명(30.1퍼센트)

6. 독서를 못하거나 하기 싫은 가장 큰 원인은 무엇입니까?

(1) TV나 게임 - 44명(20.7퍼센트)

(2) 숙제, 학원, 과외수업 - 72명(33.9퍼센트)

(3) 읽을 책이 없음 - 16명(7.5퍼센트)

(4) 친구들과의 놀이시간 - 34명(16퍼센트)

(5) 독후감을 써야 한다는 부담감 - 15명(7퍼센트)

(6) 독서 자체가 재미없음 - 31명(14.6퍼센트)

7. 가장 즐거운 독후활동은 무엇입니까?

(1) 독서감상회 - 49명(23.1퍼센트)

(2) 독서 골든벨 - 51명(24.퍼센트)

(3) 독서 후 친구, 가족과 대화 및 토론 - 52명(24.5퍼센트)

(4) 독후감 - 28명(13.2퍼센트)

(5) 독서일기 - 8명(3.8퍼센트)

(6) 동시쓰기 - 4명(1.9퍼센트)

(7) 주인공에게 편지쓰기 - 20명(9.4퍼센트)

8. 독서가 학교공부에 도움이 된다고 생각합니까?

(1) 크게 도움이 된다 - 46명(21.7퍼센트)

(2) 약간 도움이 된다 - 72명(33.9퍼센트)

(3) 보통이다 - 56명(26.4퍼센트)

(4) 별로 도움이 되지 않는다 - 34명(16퍼센트)

(4) 전혀 도움이 되지 않는다 – 4명(1.9퍼센트)

9. 엄마, 아빠가 독서를 많이 하는 편입니까?

(1) 아주 많이 함 – 37명(17.5퍼센트)

(2) 많이 함 – 34명(16퍼센트)

(3) 가끔 함 – 39명(18.4퍼센트)

(4) 보통임 – 63명(29.8퍼센트)

(5) 거의 안함 – 35명(16.5퍼센트)

(6) 전혀 안함 – 4명(1.9퍼센트)

10. 엄마, 아빠가 독서를 많이 하지 않을 때만 답하세요(102명 응답).

엄마, 아빠가 독서를 많이 하지 않는다면 그 이유는 무엇입니까?

(1) TV, 영화관람 – 36명(35.3퍼센트)

(2) 책을 좋아하지 않으심 – 8명(7.8퍼센트)

(3) 회사일로 바쁨 – 52명(50.9퍼센트)

(4) 운동 – 6명(5.9퍼센트)

11. 선생님이나 부모님이 가르쳐 주시거나 제공해 주셨으면 하는 독서 학습법은 무엇입니까?

(1) 독서 장소 – 20명(9.4퍼센트)

(2) 읽을 책 제공 – 86명(40.6퍼센트)

(3) 읽을 시간 제공 – 88명(41.5퍼센트)

(4) 독서방법 – 18명(8.5퍼센트)

12. 책을 읽고 부모님과 함께 책 내용에 대해 이야기 하는 토론시간을 가진다면 어떠할 것 같습니까?

(1) 재미있을 것 같아 해보고 싶다 – 64명(30.2퍼센트)

(2) 방법만 알면 부모님이 함께 하실 것 같다 – 74명(34.9퍼센트)

(3) 별로 하고 싶지 않다 – 42명(19.8퍼센트)

(4) 부모님이 하지 않을 것 같다 – 32명(15.1퍼센트)

13. 책을 읽고 부모님과 내용에 대한 독서토론을 해 본 적이 있습니까?

(1) 늘 한다 – (0퍼센트)

(2) 가끔 한다 – 44명(20.8퍼센트)

(3) 거의 하지 않는다 – 28명(13.2퍼센트)

(4) 해 본적 없다 – 132명(62.3퍼센트)

＊O.X로 답하세요.

1. 나는 여행을 갈 때도 책을 꼭 챙긴다.

O 91명(42.9퍼센트),　X 121명(57.1퍼센트)

2. 나는 책을 늘 가지고 다니며, 틈 나는대로 책을 꺼내 읽는다.

O 63명(29.7퍼센트),　X 149명(70.3퍼센트)

3. 나는 주로 과학이면 과학, 동화면 동화 등 좋아하는 분야의 책만 읽는다.

O 131명(61.8퍼센트),　X 81명(38.2퍼센트)

4. 책을 읽은 후 함께 이야기를 나누는 독서토론은 내게 도움이 될 것
같다.

O 160명(75.5퍼센트),　X 52명(24.5퍼센트)

5. 나는 한 번 읽은 책을 다시 한 번 읽어본다.

O 156명(73.6퍼센트),　X 56명(26.4퍼센트)

6. 나는 책보다 TV 보는 것이 더 좋다.

O 176명(83퍼센트),　　X 36명(17퍼센트)

＊문장을 완성해 보세요.

1. 공부를 제일 잘 하는 방법은 ＿＿＿＿＿＿＿＿＿＿ 이다. 왜냐하면
＿＿＿＿＿＿＿＿ 때문이다.

＊책을 읽는 것이다. 새로운 것을 배울 수 있기 때문이다.

＊수업에 집중하는 것이다. 수업에 집중하면 효율적으로 공부가 가
능하기 때문이다.

＊다른 사람보다 노력과 집중을 두 배 이상 해야 한다. 왜냐하면 공
부를 할 때 가장 중요한 것이 노력과 집중력이라 생각하기 때문이다.

2. 독서는 ＿＿＿＿＿＿＿＿ 이다. 왜냐하면 ＿＿＿＿＿＿＿＿＿＿＿＿＿
때문이다.

＊독서는 편안함이다. 왜냐하면 독서를 하면 마음이 편안해 지기
때문이다.

＊독서는 선생님이다. 많은 지식을 가르쳐주기 때문이다.

＊독서는 꿈의 지름길이다. 왜냐하면 독서를 하여 지식이 많아져 나의 꿈을 이루는데 도움을 주기 때문이다.

＊공부의 도우미이다. 독서를 하면 문제를 해결하는 능력이 좋아지기 때문이다.

3. 나에게 한 시간의 자유시간이 주어진다면 나는 __________을 할 것이다. 왜냐하면 _________________ 때문이다.

＊독서를 할 것이다. 독서를 할 시간이 많이 부족하기 때문이다.

＊친구들과 놀 것이다. 친구들과 놀 때가 가장 행복하기 때문이다.

＊가족과 함께 시간을 보낼 것이다. 가족과 함께 할 시간이 많지 않기 때문이다.

＊참고문헌 : 전북순창제일 고등학교, 〈흥미 넘치는 역할놀이 독서토론〉
〈초등독서토론논술〉, 서울시교육청
〈초등고전읽기혁명(송재환 지음, 글담출판사)〉